读懂全会「新名词」

学习时报社◎主编

中央党校出版集团
国家行政学院出版社
NATIONAL ACADEMY OF GOVERNANCE PRESS

图书在版编目（CIP）数据

读懂全会“新名词”/学习时报社主编．--北京：国家行政学院出版社，2024.10．--ISBN 978-7-5150-2963-4

Ⅰ．D229

中国国家版本馆 CIP 数据核字第 2024VK5479 号

书　　名　读懂全会“新名词”
　　　　　DU DONG QUANHUI “XIN MINGCI”
作　　者　学习时报社　主编
责任编辑　刘韫劼
责任校对　许海利
责任印制　吴　霞
出版发行　国家行政学院出版社
　　　　　（北京市海淀区长春桥路 6 号　100089）
综 合 办　（010）68928887
发 行 部　（010）68928866
经　　销　新华书店
印　　刷　北京盛通印刷股份有限公司
版　　次　2024 年 11 月北京第 1 版
印　　次　2024 年 11 月北京第 1 次印刷
开　　本　155 毫米×230 毫米　16 开
印　　张　10.25
字　　数　87 千字
定　　价　32.00 元

《读懂全会“新名词”》编委会

出版说明

党的二十届三中全会审议通过的《中共中央关于进一步全面深化改革、推进中国式现代化的决定》（以下简称《决定》）紧扣中国式现代化主题部署了 300 多项重大改革任务，是新时代新征程上进一步全面深化改革的总动员、总部署，是把中国式现代化美好蓝图变为现实的行动纲领。

为深化广大党员干部对《决定》内容的理解，学习时报社在中央党校（国家行政学院）官微推出专栏《读懂全会〈决定〉名词》，围绕《党的二十届三中全会〈决定〉学习辅导百问》中收录的增信制度、首发经济、惩罚性赔偿等 27 个改革“新名词”，邀请中央党校（国家行政学院）各领域学者及专家进行深入阐释和多维解码。本书是专栏文章的结集，希望对广大党员干部深刻领会党的二十届三中全会精神、准确把握改革的时代主旋律有所助益。

目　录

增信制度 …… 1
首发经济 …… 7
惩罚性赔偿 …… 11
未来产业 …… 16
数智技术 …… 21
天使投资 …… 26
耐心资本 …… 31
职普融通 …… 35
免费教育 …… 41
专门教育 …… 48
科技伦理 …… 55
专精特新 …… 61
概念验证 …… 66
国家宏观资产负债表 …… 72
预期管理 …… 77

读懂全会“新名词”

劳动性所得 …………………………………………… 81
人民币离岸市场 ………………………………………… 86
基本农作物 …………………………………………… 93
生成式人工智能 ………………………………………… 97
新就业形态 ………………………………………… 103
紧密型医联体 ……………………………………… 109
生育友好型社会 …………………………………… 118
嵌入式托育 ………………………………………… 123
银发经济 …………………………………………… 129
碳足迹 ……………………………………………… 136
军品设计回报 ……………………………………… 142
基本培训 …………………………………………… 148

增信制度

增信制度是指以担保、保险、信用衍生工具、结构化金融产品或法律、法规、政策以及行业自律规范文件明确的其他有效形式，为提升融资主体债务信用等级、增强债务履约保障水平、提高融资可得性、降低融资成本，帮助债权人分散、转移信用风险的一种专业性金融服务安排。

——选自《党的二十届三中全会〈决定〉学习辅导百问》

《决定》原文出处

坚持致力于为非公有制经济发展营造良好环境和提供更多机会的方针政策。制定民营经济促进法。深入破除市场准入壁垒，推进基础设施竞争性领域向经营主体公平开放，完善民营企业参与国家重大项目建设长效机制。支持有能力的民营企业牵头承担国家重大技术攻关任务，向民营企业进一步开放国家重大科研基础设施。完善民营企业融资支持政策制度，破解融资难、融资贵问题。健全涉企收费长效监管和拖欠企业账款清偿法律法规体系。加快建立民营企业信用状况综合评价体系，**健全民营中小企业增信制度**。支持引导民营企业完善治理结构和管理制度，加强企业合规建设和廉洁风险防控。加强事中事后监管，规范涉民营企业行政检查。

专家解读

何为“增信制度”

高惺惟　中央党校（国家行政学院）经济学教研部教授

党的二十届三中全会审议通过的《中共中央关于进一步全面深化改革、推进中国式现代化的决定》指出：“加快建立民营企业信用状况综合评价体系，健全民营中小企业增信制度。”这是改进和完善民营中小企业金融服务的一项重要基础性工程，有助于改善民营中小企业融资环境，优化金融资源配置。增信制度是通过引入一系列制度化的信用支持措施和风险缓释工具，以提升融资主体的信用等级，增强其在金融市场上的融资能力和市场认可度，从而降低融资成本和难度的专业性金融服务安排。

从供给侧角度来看，健全民营中小企业增信制度有助于金融机构动态、全面掌握企业信息，为企业精准“画像”。通过提供多元化的增信工具和完善的信用评级体系，金融机构能够精准评估中小企业的盈利能力和发展潜力，从而降低信息不对称和违约风险。这有助于提高金融机构的风险管理能力和信贷意愿，促进金融机构稳定、健康发展。此外，健全的增信制度能够引导金融资源向优质民营中小企业倾斜，在一定程度上将推动产业结构优化升级和经济增长方式的转变。

从需求侧角度来看，健全民营中小企业增信制度有助于开辟融资增信新路径，显著改善企业的融资环境。通过政府担保、信用保险、信用信息共享等措施，能够提升企业信用水平，从而拓宽融资渠道，降低其融资成本和难度。这种方式不仅增强了民营中小企业的市场竞争力和创新能力，还能够促进就业增长、激发经济活力。更为重要的是，增信制度在促进民营中小企业融入现代金融体系的同时，也推动了社会信用体系建设，逐步强化信用在市场经济中的基础地位，体现了现代市场经济体制下信用体系建设的战略意义。

近年来，我国在增信制度建设方面取得了显著成效。但从整体来看，我国民营中小企业增信制度建设仍面临体系不健全、成本较高、效率较低等问题，需要进一步完善。

推动金融产品服务创新。一方面，要加快发展供应链金融，积极开展应收账款、存货等动产质押业务模式创新。供应链金融能够利用企业的交易记录，减少传统金融服务对财务数据和担保物的依赖，弥补企业信用不足的弱点，从而畅通上下游资金循环、信用共享。另一方面，要创新金融科技驱动的服务，强化供应链上下游信息协同。金融机构应当运用区块链、人工智能等技术，提高交易记录的透明化程度，增强信用信息的可信度，为实现核心企业的“主体信用”、交易记录的“数据信用”以及交易标的的“物的信用”一体化信用体系建设，提供更加适应企业现金流变化的金融服务方案。

加强信用信息共享整合。首先，要搭建好信息共享平台，打破各部门间“信息孤岛”。减少信息不对称需要畅通不同部门间数据共享渠道，这意味着需要搭建统一的信用信息共享平台，支持银行、保险、担保、信用服务等机构接入信用服务平台，从而实现信用信息的全面整合、高效传递。其次，要深化信用信息开发利用，扩大信用信息共享范围。要以民营中小企业金融业务需求为导向，将涵盖企业的经营数据、合同履行情况、税务记录、社保缴纳情况等多维度信息纳入共享范围，通过对这些信息的深入挖掘，打破“数据壁垒”。同时，要完善民营中小企业信用评价指标体系，从而强化企业信用状况动态监测，提高风险预警和处置能力。

完善信用风险分担机制。一方面，应积极拓宽抵质押物的接受范围，特别是推广知识产权融资服务，如著作权、专利权和商标权，以增加科技型民营中小企业的融资渠道。

另一方面，应创新保险增信的产品和经营模式，促进形成“政府+银行+保险”多方参与、风险共担的合作模式，鼓励保险公司开发更灵活的信用保险产品。此外，应适当增加中央对政策性担保机构的财政支持，降低民营中小企业信用担保行业的准入门槛，为担保机构提供再担保支持，从而增强风险分散和信用增强功能。

健全民营中小企业增信制度是一项系统工程，需要政府、金融机构、企业等多部门合作，从制度和机制上解决问题。面临这一时代课题，民营中小企业“增信”不仅需要设立相应的金融服务为其“输血增信”，也需要提升其自身“造血增信”能力，为健全增信制度提供内生动力。

首发经济

首发经济是指企业发布新产品，推出新业态、新模式、新服务、新技术，开设首店等经济活动的总称，涵盖了企业从产品或服务的首次发布、首次展出到首次落地开设门店、首次设立研发中心，再到设立企业总部的链式发展全过程。首发经济具有时尚、品质、新潮等特征，是符合消费升级趋势和高质量发展要求的一种经济形态，是一个地区商业活力、消费实力、创新能力、国际竞争力、品牌形象和开放度的重要体现。

——选自《党的二十届三中全会〈决定〉学习辅导百问》

《决定》原文出处

加快培育完整内需体系，建立政府投资支持基础性、公益性、长远性重大项目建设长效机制，健全政府投资有效带动社会投资体制机制，深化投资审批制度改革，完善激发社会资本投资活力和促进投资落地机制，形成市场主导的有效投资内生增长机制。完善扩大消费长效机制，减少限制性措施，合理增加公共消费，**积极推进首发经济**。

专家解读

如何理解“首发经济”

蔡之兵　中央党校（国家行政学院）经济学教研部教授

《中共中央关于进一步全面深化改革、推进中国式现代化的决定》提出要“积极推进首发经济”。首发经济是指企业发布新产品，推出新业态、新模式、新服务、新技术，开设首店等经济活动的总称，涵盖了企业从产品或服务的首次发布、首次展出到首次落地开设门店、首次设立研发中心，再到设立企业总部的链式发展全过程。首发经济的蓬勃发展，不仅有助于刺激消费从而顺利扩大内需，更能从不同层面推动高质量发展目标的实现。

从微观层面看，首发经济将引领企业发展策略转型。传统市场竞争模式下，企业多以产品价格为工具，通过价格竞争来提高企业市场份额。而首发经济的兴起，则要求企业瞄准产品质量，以产品的创新性、引领性、流行性为目标，通过提高产品吸引能力来实现企业盈利最大化的发展目标。因此，首发经济对企业发展策略尤其是产品和服务的供给模式，提出了品质更高、质量更好、迭代更快的要求，这既有助于满足人民日益增长的美好生活需要，又可为企业高质量发展的转型路径指明方向。

从宏观层面看，首发经济将推动经济发展动力转型。与传统经营模式和策略相比，产品的“新”和发布的“快”是首发经济的核心要素。在首发经济领域，区域之间、企业之间的竞争胜负，将直接取决于谁能拥有更多的首发、首秀、首展、首店。在此情形下，能否形成发展首发经济的竞争优势，高度依赖于企业的创新能力尤其是原始创新能力：只有企业具备强大的原始创新能力，企业才能不断地向市场提供更多的“新”产品。可见，创新是发展首发经济的根本动力，首发经济的快速发展，必将引领各地区、各产业、各企业更加重视原始创新的作用，为经济发展动力的高质量转型提供有利条件。

首发经济的兴起，既反映了当前日益激烈、瞬息万变的市场竞争环境，也明确揭示了原始创新能力对高质量发展转型的重要意义。为有效应对激烈的市场竞争和助推高质量发展转型，未来要为首发经济的发展提供更强大的支撑。

一是加快全国统一大市场建设，助推形成企业以反应速度、产品质量、生产效率、创新能力为竞争载体的市场环境，为首发经济的平稳发展提供广阔空间。二是加强知识产权保护，保护企业的专利、品牌、技术等创新成果，最大程度确保地区和企业的“首发”利益，为首发经济的平稳发展提供制度保障。三是制定专业化、系统化、精准化的首发经济政策体系，结合不同类型首发经济的发展需要，从品牌打造、资金支持、宣传推广等多方面协同发力，为首发经济的平稳发展提供政策支撑。

惩罚性赔偿

惩罚性赔偿是指在民事法律关系的损害赔偿中，超过实际损失数额范围的额外赔偿。根据我国民法典的规定，惩罚性赔偿主要适用于侵权案件，如知识产权侵权、产品缺陷侵权、环境污染侵权等，一般要求侵权人有主观恶意、故意或者欺诈，实施了不法行为并造成严重后果等条件。我国食品安全法等法律对惩罚性赔偿作了特别规定。完善惩罚性赔偿制度，进一步明确适用规则，适度扩大适用范围和增加赔偿数额，有利于鼓励市场主体运用法律武器维护合法权益，有利于惩罚侵权人并警示他人，更好维护市场秩序与公平竞争。

——选自《党的二十届三中全会〈决定〉学习辅导百问》

《决定》原文出处

完善市场经济基础制度。完善产权制度，依法平等长久保护各种所有制经济产权，建立高效的知识产权综合管理体制。完善市场信息披露制度，构建商业秘密保护制度。对侵犯各种所有制经济产权和合法利益的行为实行同责同罪同罚，**完善惩罚性赔偿制度**。加强产权执法司法保护，防止和纠正利用行政、刑事手段干预经济纠纷，健全依法甄别纠正涉企冤错案件机制。

专家解读

如何理解“惩罚性赔偿”

金成波 中央党校（国家行政学院）政治和法律教研部教授

惩罚性赔偿是指在损害赔偿中，超过被侵权人或者合同的守约一方遭受的实际损失范围的额外赔偿。惩罚性赔偿是损害赔偿的一种，与补偿性赔偿相对应。1993 年，我国颁布《中华人民共和国消费者权益保护法》，首次以特别法的形式确定了惩罚性赔偿制度，这是我国民事责任立法的重大突破。随后，多部法律中也出现了相应的制度规定。惩罚性赔偿兼具“惩罚”功能和“赔偿”功能，该制度的确立对于有效制裁违法者、公正补偿受害者以及慷慨奖励维权者具有重要作用，是保护市场交易、营造良好市场环境的重要手段，也是我国经济社会发展的必然要求。

惩罚性赔偿的适用范围。《中华人民共和国民法典》（以下简称民法典）对于惩罚性赔偿作出了一般规定，“总则”第一百七十九条规定：“法律规定惩罚性赔偿的，依照其规定”。除了民法典的一般规定，多部特别法中规定了多样化的惩罚性赔偿。比如《中华人民共和国消费者权益保护法》第五十五条、《中华人民共和国食品安全法》第一百四十八条、《中华人民共和国著作权法》第五十四条、《中华人民共和国商标法》第六十三条、《中华人民共和国专利法》第七十一条、《中华人民共和国旅游法》第七十条、《中华人民共和国药品管理法》第一百四十四条、《中华人民共和国反不正当竞争法》第十七条、《中华人民共和国种子法》第七十二条、《中华人民共和国电子商务法》第四十二条等。经过 20 多年的发展，我国的惩罚性赔偿制度基本上形成了基于合同责任的惩罚性赔偿和基于侵权责任的惩罚性赔偿并存的格局，所涉及的范围也从之前的消费者权益保护、商品房买卖、食品安全和产品责任领域扩展到了旅游服务、商标侵权、医疗产品责任、生态环境损害责任等多个领域。

惩罚性赔偿的构成要件。惩罚性赔偿作为一种特殊的民事责任，其构成要件与传统的补偿性赔偿既有一致的地方，同时也有一定的差异性。概括来讲，惩罚性赔偿的构成要件主要包括违法行为、主观故意、损害事实以及因果关系四个方面。违法行为是指加害人或者违约方违法实施的侵害他人权利或损害他人利益的作为或不作为，如欺诈行为；主观故意是指加害人或者违约方希望或者放任其行为给他人的人身或财产造成伤害的主观心理状态，包括故意或者重大过失；损害事实是指违法行为导致的人身或财产损失的事实；因果关系是指违法行为是导致损害事实发生的原因。

惩罚性赔偿的赔偿标准。惩罚性赔偿金的具体金额计算方式包含计算基数和计算倍数两大关键要素。例如，《中华人民共和国食品安全法》第一百四十八条规定“价款十倍或者损失三倍”；《中华人民共和国消费者权益保护法》第五十五条第一款规定“商品的价款或者接受服务的费用的三倍”，“不足五百元的，为五百元”，第二款规定“所受损害二倍以下”；《中华人民共和国商标法》第六十三条规定所受损失的“一倍以上五倍以下”；《中华人民共和国旅游法》第七十条规定“旅游费用一倍以上三倍以下”；等等。惩罚性赔偿金计算基数和倍数，在不同情况下有所不同，具体取决于相关的法律规定和案件的具体情况。

党的二十届三中全会审议通过的《中共中央关于进一步全面深化改革、推进中国式现代化的决定》指出：“对侵犯各种所有制经济产权和合法利益的行为实行同责同罪同罚，完善惩罚性赔偿制度。”进一步完善惩罚性赔偿制度，应当从以下三个方面着手：第一，完善惩罚性赔偿的适用范围。惩罚性赔偿虽为规定于私法中的民事责任，却担当了本应由公法实现的特殊惩罚，为防止体系紊乱、避免例外责任滥用，应采行严格的法定主义，对惩罚性赔偿的适用范围作出明确规定。第二，完善惩罚性赔偿的构成要件。在惩罚性赔偿的构成要件中，主观故意的认定尤为重要，主观恶性程度是认定是否承担惩罚性赔偿责任的基础，因此应当探究更为科学的方法来判断行为人的主观恶性程度。第三，完善惩罚性赔偿的赔偿标准。特别法中大多作了关于具体倍数的限制，民法典笼统规定了权利人可以请求“相应的惩罚性赔偿”，未来应该在过罚相当原则的指引下在相关法律中规定更为具体明确的赔偿标准。

未来产业

未来产业是由前沿技术驱动，当前处于孕育萌发阶段或产业化初期，具有显著战略性、引领性、颠覆性和不确定性的前瞻性新兴产业。未来产业代表着新一轮科技革命和产业变革方向，是经济增长的最活跃力量，有望培育发展成先导性支柱产业，是形成新质生产力的重要阵地。世界主要国家都在抓紧布局，发展未来产业，抢占发展制高点。我国重点围绕未来制造、未来信息、未来材料、未来能源、未来空间和未来健康等方向，大力发展人工智能、类脑智能、量子科技、原子级制造、生物制造、人形机器人、低空经济、氢能等未来产业，这是牢牢把握未来发展主动权的战略选择。

——选自《党的二十届三中全会〈决定〉学习辅导百问》

《决定》原文出处

健全因地制宜发展新质生产力体制机制。推动技术革命性突破、生产要素创新性配置、产业深度转型升级，推动劳动者、劳动资料、劳动对象优化组合和更新跃升，催生新产业、新模式、新动能，发展以高技术、高效能、高质量为特征的生产力。加强关键共性技术、前沿引领技术、现代工程技术、颠覆性技术创新，加强新领域新赛道制度供给，**建立未来产业投入增长机制**，完善推动新一代信息技术、人工智能、航空航天、新能源、新材料、高端装备、生物医药、量子科技等战略性产业发展政策和治理体系，引导新兴产业健康有序发展。以国家标准提升引领传统产业优化升级，支持企业用数智技术、绿色技术改造提升传统产业。强化环保、安全等制度约束。

专家解读

如何理解“未来产业”

蔡之兵　中央党校（国家行政学院）经济学教研部教授

《中共中央关于进一步全面深化改革、推进中国式现代化的决定》提出要“建立未来产业投入增长机制”。从时间维度看，未来产业是与传统产业、新兴产业相对应的产业类型。传统产业是在过去历次工业革命的过程中所形成的支柱产业，如第一次工业革命中的纺织业、第二次工业革命中的汽车产业都是典型的传统产业。新兴产业是适应当前日益明朗的科技革命和产业变革趋势的主导产业，主要包括战略性新兴产业等。未来产业是代表未来发展方向的，立足于技术前景尚不清晰、技术路线尚未成熟的颠覆性和原始性技术的产业。从三类产业的关系看，未来产业就是明天的战略性新兴产业、后天的支柱产业。因此，“用明天的科技锻造后天的产业”就是未来产业的生动写照。

在功能定位上，一方面，未来产业代表着新一轮科技革命和产业变革方向，是经济增长的最活跃力量，将是未来决定国家综合实力的关键产业、支柱产业和基础产业，同时也是形成新质生产力的重要阵地。另一方面，未来产业是世界科技和产业竞争的主战场。随着全球经济、贸易和产业格局的深度调整，世界主要国家尤其是西方发达国家围绕产业和科技制高点的争夺，已经进行了系统布局和周密部署，能否在未来产业的发展上抢占先机，将直接决定未来国家竞争的成败。

在具体特征上，未来产业具有“四新”特征。一是依托新科技。未来产业的快速发展主要是基于颠覆性技术的突破和产业化，并依托于技术之间、技术与产业之间的深度融合。二是引领新需求。未来产业不仅可以更好满足人们现有需求，还将创造新的应用场景和新消费需求。三是创造新动力。未来产业将引导市场主体向更先进的生产力聚集，催生新技术新产业新业态新模式。四是拓展新空间。未来产业将帮助我们不断突破认知极限和物理极限，提升社会生产力水平，拓展新的发展和生存空间。

在发展方向上，未来制造、未来信息、未来材料、未来能源、未来空间和未来健康都是未来产业的重点方向。工业和信息化部、教育部、科技部等 7 部门在 2024 年制定并发布了《关于推动未来产业创新发展的实施意见》，明确提出了人形机器人、量子计算机、新型显示、脑机接口、6G 网络设备、超大规模新型智算中心、第三代互联网、高端文旅装备、先进高效航空装备以及深部资源勘探开发装备等未来产业的十大标志性产品。

发展未来产业是一项系统工程和长期任务，推动未来产业发展需要坚持因地制宜、动态调整、久久为功的原则，既要根据技术成熟度、市场发育度变化，坚持“走一步、看三步”，从近期、中期、远期分阶段梯次培育形成一批引领能力强、经济效益好、具备核心竞争力的未来产业，又要结合各地科教资源、产业基础等差异，不搞齐步走、一刀切，因地制宜引导各地找准细分赛道布局未来产业发展，围绕未来技术产业化与重点领域未来化，持之以恒地探索各具特色、各显优势的发展路径模式。

数智技术

数智技术是数字化和智能化的有机融合，可以理解为“数字化+智能化”，是在数字化基础上融合应用机器学习、人工智能等智能技术的过程。数智化是新型工业化的鲜明特征，是形成新质生产力的重要途径。通过“人工智能+工业制造”、“人工智能+生成设计”等推进智能工厂、未来工厂、“灯塔工厂”建设，推动实现制造业数智化，是制造业转型升级的重要方向。

——选自《党的二十届三中全会〈决定〉学习辅导百问》

《决定》原文出处

健全因地制宜发展新质生产力体制机制。推动技术革命性突破、生产要素创新性配置、产业深度转型升级，推动劳动者、劳动资料、劳动对象优化组合和更新跃升，催生新产业、新模式、新动能，发展以高技术、高效能、高质量为特征的生产力。加强关键共性技术、前沿引领技术、现代工程技术、颠覆性技术创新，加强新领域新赛道制度供给，建立未来产业投入增长机制，完善推动新一代信息技术、人工智能、航空航天、新能源、新材料、高端装备、生物医药、量子科技等战略性产业发展政策和治理体系，引导新兴产业健康有序发展。以国家标准提升引领传统产业优化升级，**支持企业用数智技术**、绿色技术改造提升传统产业。强化环保、安全等制度约束。

专家解读

如何理解“数智技术”

蔡之兵　中央党校（国家行政学院）经济学教研部教授

《中共中央关于进一步全面深化改革、推进中国式现代化的决定》提出“以国家标准提升引领传统产业优化升级，支持企业用数智技术、绿色技术改造提升传统产业”。这是“数智技术”一词首次出现于党中央的重要文件中，这也意味着体现数字化与智能化融合发展的数智化，已经成为指引传统产业转型升级的重要共识。

在具体内涵上，数智技术即“数字化+智能化”，想要准确理解数智技术，首先应理解数字化和智能化的内涵及两者的关系。数字化是通过机器语言将现实物理世界转变为可由程序控制的数字世界。在这一世界中，数据信息完全包含了现实世界的所有真实信息且由于数据具有标准性和易处理性，决策者可通过应用人工智能、大数据分析、机器学习等技术来实现决策的智能化、生产的自动化等目标，企业生产和运行的效率将大幅提高。可见，在数智技术的形成过程中，数字化是智能化的基础和前提，智能化是数字化的方向和目标。

在功能定位上，数智技术既是推动传统产业转型升级的根本路径，也是催生新质生产力的关键渠道。一方面，在传统企业各生产环节引入数字化设计、数字化控制、数字化管理、数字化服务等技术，能提升研发、设计、生产、管理等各环节的数字化水平，可在大幅降低企业设计和生产成本的同时，提高企业生产和经营效率，是推动传统产业转型升级的必经之路。另一方面，在高度数字化的基础上，通过引入人工智能技术，不仅可以有效提高设计、生产、管理、服务等各个环节决策和执行的敏捷性，还可以实现生产要素的创新性配置并形成崭新的生产和消费场景，是催生新质生产力的重要途径。

在实现路径上，系统普及和推广数智技术，应从场景、车间、工厂、供应链等四个维度同时着手构建数智制造系统。在智能场景上，推动数字孪生、人工智能、5G、大数据等新技术在制造环节的深度应用，探索形成一批“数字孪生+”“人工智能+”“虚拟现实（VR）/增强现实（AR）/混合现实（MR）”等智能场景；在智能车间上，要推动设备联网和生产环节数字化在加工、检测、物流等环节的深度衔接，实现生产数据贯通化、制造柔性化和管理智能化；在智能工厂上，支持基础条件好的企业，围绕设计、生产、管理、服务等制造全过程开展智能化升级，推动跨业务活动的数据共享和深度挖掘，实现对核心业务的精准预测、管理优化和自主决策，打造一批智能工厂；在智慧供应链上，依托我国实体经济的传统优势产业，支持行业龙头企业建设供应链协同平台，打造数据互联互通、信息可信交互、生产深度协同、资源柔性配置的供应链。

天使投资

名词解释

天使投资是指投资者对具有前沿技术或创新理念、产品或商业模式尚未得到验证、仍处于种子期但具有较大发展潜力的小型初创企业或创新项目进行的早期投资，通常为该企业或项目接受的第一笔外部股权投资。这个阶段的企业或项目往往尚处于萌芽期，甚至只有一个原型产品或商业计划，还远没有稳定的收入来源或成熟的产品。这些投资者之所以被称为“天使”，是因为他们在企业或项目最初期的时候提供资金支持，往往需要承担较高的风险，而且通常还会在战略、管理等方面为企业或项目成长赋能。天使投资是创新生态系统的重要组成部分，在推动创新创业创造方面发挥着独特作用，是颠覆性、原创性技术产业早期发展的重要融资安排。

——选自《党的二十届三中全会〈决定〉学习辅导百问》

《决定》原文出处

健全相关规则和政策，加快形成同新质生产力更相适应的生产关系，促进各类先进生产要素向发展新质生产力集聚，大幅提升全要素生产率。**鼓励和规范发展天使投资、风险投资、私募股权投资**，更好发挥政府投资基金作用，发展耐心资本。

专家解读

如何理解“天使投资”

蔡之兵　中央党校（国家行政学院）经济学教研部教授

《中共中央关于进一步全面深化改革、推进中国式现代化的决定》提出要“鼓励和规范发展天使投资”。天使投资是指投资者对具有明显独特优势和较大发展潜力的初创企业或项目进行的早期投资。在天使投资的过程中，投资者将同时承担创业过程中的高风险和享受创业成功后的高收益。

从投资思路看，天使投资在投资过程中，既要出“钱”，也要出“力”。与其他投资形式只需投入资金不同，天使投资除了要给予投资对象资金支持，还会为投资对象在提高内部管理效率和有效开拓外部市场等领域提供全方位的支持。实际上，投资者之所以被称为“天使”，就是因为他们除了要在经营风险较大的初期阶段为投资对象提供资金支持，往往还需要在发展战略制定、管理制度创新、外部市场开拓等方面为投资对象无偿地提供直接帮助或相关人脉，是投资对象顺利渡过早期创业难关的重要动力。

从投资功能看，天使投资是创新生态系统的重要组成部分，也是提高国家科技创新能力的重要支撑。天使投资的对象多是具有巨大发展潜力的新企业和新项目，会对国家原始科技创新能力的增强和颠覆式产业的形成发挥巨大的促进作用。然而，由于这些企业和项目尚处于萌芽期，所依托的技术和产品并不成熟，面临的发展不确定性和风险性较高，大多数投资形式会远离此类企业和项目。在这种背景下，能接受高风险且愿意倾力支持创新性企业和项目的天使投资，将在推动原创性技术的突破和颠覆式产业的形成上发挥无可替代的重要作用。

从投资要求看，作为一种特殊的投资形式，国内外大量天使投资的实践充分表明，天使投资的最终效果与天使投资人的素质和能力具有直接关系，成功的天使投资人往往具备一些共性特征。具体而言，成功的天使投资人多参与过相关行业的创业，在本行业内有一定的人脉关系，能帮创业者认识更多的合作伙伴。此外，他们还具有较强的项目甄别能力和决策能力，足以对投资对象的发展前景和盈利水平作出科学和精准的判断，在完成投资后还能对投资对象的管理和运营保持极强的耐心。

在我国实践中，天使投资对过去互联网和平台经济的兴起发挥了巨大的促进作用。当前，为更好发挥天使投资对科技创新和产业升级的积极作用，仍需做好规范和引导工作。一是加强政府的引导与监管。在风险可控的前提下，鼓励各类政府基金配置一定比例的天使基金，创新天使投资机构的募资方式，支撑天使投资行业长期稳定发展。二是完善行业标准，明确天使投资的创新主体地位。借鉴发达国家成熟经验，在确保数据真实的前提下，同时参考财务标准、行为标准和信用标准，制定天使投资个人和机构的资格标准，为天使投资行业的有序发展和科学管理提供支撑。三是制定针对性的扶持政策。在有条件的地区，可由政府发起成立天使投资协会，针对已经取得明显成绩的天使投资人和机构，在总结推广其成功经验的同时，也可从投资奖励、管理费用补贴等方面予以激励和引导。

耐心资本

名词解释

耐心资本是一种专注于长期投资的资本形式，不以追求短期收益为首要目标，而更重视长期回报的项目或投资活动，通常不受市场短期波动干扰，是对资本回报有较长期限展望且对风险有较高承受力的资本。从全球实践看，耐心资本主要来源于政府投资基金、养老基金（包括社保基金、企业年金、个人养老金）、保险资本等，是私募创投基金、公募基金等引入中长期资金的重要来源，能够为投资项目、资本市场提供长期稳定的资金支持，是科技创新和产业创新的关键要素保障，是发展新质生产力的重要条件和推动力。

——选自《党的二十届三中全会〈决定〉学习辅导百问》

《决定》原文出处

健全相关规则和政策，加快形成同新质生产力更相适应的生产关系，促进各类先进生产要素向发展新质生产力集聚，大幅提升全要素生产率。鼓励和规范发展天使投资、风险投资、私募股权投资，更好发挥政府投资基金作用，**发展耐心资本**。

专家解读

如何理解“耐心资本”

蔡之兵 中央党校（国家行政学院）经济学教研部教授

《中共中央关于进一步全面深化改革、推进中国式现代化的决定》提出要“发展耐心资本”。耐心资本，又称 patient-capital，是一种特殊的资本形式，最早起源于国外的社保基金和养老金，后随着形式的丰富和范围的扩大，耐心资本指的是不追求短期回报、能够承受短期价格波动、看重长期价值的资本。

从根本特征看，耐心资本坚持长期投资、价值投资和责任投资。在长期投资上，耐心资本追求长期的投资回报而非短期的投机收益，始终坚持长期主义的投资理念，能够承受市场收益的短期波动和较大的不确定性风险。在价值投资上，耐心资本注重对企业的基本面、行业趋势和宏观经济环境等因素进行深入分析，选择的投资对象往往具有长期的增长潜力和稳定的发展预期。在责任投资上，耐心资本不仅关注投资的市场收益情况，还会瞄准国家和产业发展的需要，围绕经济社会发展的战略目标和重点领域进行针对性的投资，在为国家发展大局作出贡献的过程中履行自身责任。

从整体功能看，发展耐心资本具有稳定资本市场、服务实体经济、催生新质生产力的功能。在稳定资本市场上，发展耐心资本坚持长期投资和价值投资的理念，会有效遏制资本投机的“快进快出”现象并最终大幅降低资本市场和金融体系的波动性。在服务实体经济上，由于强调长期回报，耐心资本往往会倾向投资具有强大发展前景和增长潜力的实体经济如新型基础设施建设、战略性新兴产业等项目，这会引导金融资源向实体经济倾斜从而支持产业升级和经济结构调整。在催生新质生产力上，作为新质生产力的首要来源，技术的革命性突破具有巨大的不确定性，追逐短期收益的传统投资形式已经不能与之相匹配，而耐心资本由于能适应大投入、长周期、高风险的新要求，与发展新质生产力高度契合，将成为发展新质生产力的重要支撑。

相比于发展耐心资本已有成熟实践的发达国家，我国耐心资本发展仍然面临供给规模偏小、投资周期偏短、流通渠道不畅等问题，需要加强规范、引导和支持。在发展理念上，要在充分尊重市场规律的前提下，发挥政府这只“有形的手”的重要作用，引导各类资本摒弃急功近利的浮躁心态，坚持做长期投资、战略投资、价值投资、责任投资。在主体培育上，应围绕国家重大战略布局，聚焦产业发展实际需求，引导推进社保基金、养老基金、企业年金等长期资金进入创投市场，鼓励投早、投小、投长期、投硬科技，支持战略性新兴产业和未来产业，助力培育发展新质生产力。在制度保障上，对创业投资与主要面向成熟期企业的股权投资，应坚持差异化的监管理念并采取特殊的税费政策。与此同时，应设置更加科学的投资者准入门槛，以资产规模及投资经验等维度对投资者进行区分，实现耐心资本的有序发展和稳步扩大。

职普融通

职普融通是指职业教育、普通教育通过教学资源共享、培养成果互认、发展路径互通等方式，推动人才培养模式改革，为学生成长成才提供多样化路径选择，为推进中国式现代化提供高素质复合型技术技能人才。

——选自《党的二十届三中全会〈决定〉学习辅导百问》

《决定》原文出处

深化教育综合改革。加快建设高质量教育体系，统筹推进育人方式、办学模式、管理体制、保障机制改革。完善立德树人机制，推进大中小学思政课一体化改革创新，健全德智体美劳全面培养体系，提升教师教书育人能力，健全师德师风建设长效机制，深化教育评价改革。优化高等教育布局，加快建设中国特色、世界一流的大学和优势学科。分类推进高校改革，建立科技发展、国家战略需求牵引的学科设置调整机制和人才培养模式，超常布局急需学科专业，加强基础学科、新兴学科、交叉学科建设和拔尖人才培养，着力加强创新能力培养。完善高校科技创新机制，提高成果转化效能。强化科技教育和人文教育协同。**加快构建职普融通、产教融合的职业教育体系。**完善学生实习实践制度。引导规范民办教育发展。推进高水平教育开放，鼓励国外高水平理工类大学来华合作办学。

专家解读

如何理解“职普融通”

赖德胜 中央党校（国家行政学院）社会和生态文明教研部教授

党的二十届三中全会通过的《中共中央关于进一步全面深化改革、推进中国式现代化的决定》提出“深化教育综合改革”“加快建设高质量教育体系”，并强调“加快构建职普融通、产教融合的职业教育体系”。

职业教育与普通教育是两种不同的教育类型，如鸟之两翼、车之两轮，在以教育强国建设推进中国式现代化进程中具有同等重要的地位。但长期以来，二者处于割裂状态，没有实现优势互补，协调发展。2021 年，习近平总书记对职业教育工作作出重要指示，强调推动职普融通，增强职业教育适应性。党的二十大报告提出，推进职普融通，优化职业教育类型定位。在中央政治局就建设教育强国举行的第五次集体学习时，习近平总书记再次强调，要推进职普融通。

职普融通是加快建设高质量教育体系的应有之义。当前，我国教育已由规模扩张阶段转向高质量发展阶段，高质量发展是各级各类教育的生命线，要加快建设高质量教育体系，以教育高质量发展赋能经济社会可持续发展。高质量教育体系既要求各级教育纵向贯通，也要求各类教育横向融通。普通教育不仅要培养学生的基础理论、学术兴趣和创新能力，还要发展学生的实践动手能力和职业素养；职业教育不仅要培养懂技术、能操作的技能人才，还要发展学生的综合素养和可持续发展能力。职业教育、普通教育通过教学资源共享、培养成果互认、发展路径互通等方式，发挥各自的优势，推动人才培养模式改革，为学生成长成才提供多样化路径选择，推动每个学生得到全面发展。

职普融通是增强职业教育适应性的有力抓手。作为一种教育类型，职业教育肩负着培养多样化人才、传承技术技能、促进就业创业、助力经济社会发展的重要职责。但在相当长的时期里，职业教育存在吸引力不高、适应性不强、“上热下冷”等问题，甚至被有些人认为是比普通教育层次更低的教育。为提高职业教育质量及其吸引力和适应性，党的十八大以来，我国多地、多校开展了职普融通的试点，探索职业教育与普通教育多元立交的培养机制，特别是建立普通高中与中职学校相互融通通道，搭建学生成长成才“立交桥”。在此基础上，2021 年，中共中央办公厅、国务院办公厅印发的《关于推动现代职业教育高质量发展的意见》要求各学段普通教育与职业教育都要加强渗透融通。实践表明，职普融通对于优化职业教育类型定位、增强职业教育适应性，发挥着独特作用。近年来，中职、高职学校每年为国家培养约1000万高素质技术技能人才。在现代制造业、战略性新兴产业和现代服务业等领域，一线新增从业人员70%以上来自职业院校毕业生。

职普融通是促进毕业生更好就业的重要举措。通过教育而获得的知识、技能等人力资本是决定就业的重要因素。人力资本不仅有数量的问题，而且有结构的问题。一般来说，普通教育培养的人力资本具有更强的通用性，而职业教育培养的人力资本则具有更强的专用性。已有研究表明，毕业生如果同时具有这两种人力资本，就业就比较容易。当前，青年群体就业压力比较大，习近平总书记强调要坚持把高校毕业生等青年群体就业作为重中之重。在某种意义上，推进职普融通是完善高校毕业生等青年群体就业支持体系的重要内容，是促进毕业生高质量充分就业的重要举措。

职普融通需要进一步深化教育改革。我国的职普融通已取得重要进展，但职普双方推进职普融通的动力不平衡，还存在体制机制障碍，致使在横向上职普“通而不融”、纵向上职普“贯而不畅”，职普融通的效能没有得到充分释放。职普等值是实现职普融通的前提，即学生在接受职业教育或普通教育后，在自我实现、社会认可、社会流动、未来发展等方面具有相近的价值。为此，要完善评价机制，建立与职普融通相匹配的国家资历框架制度，实现技能证书和学历证书等值或可比。要深化省域现代职业教育体系建设改革，使职业教育在服务地方经济社会发展中更好实现职普融通、产教融合、科教融汇，培养更多高素质技术技能人才、大国工匠、能工巧匠。要搭建职普教育各学段相互融通的机制，发挥职普在课程、实习实践基地等资源方面互补优势，实现双向赋能、协同发展。

免费教育

名词解释

免费教育是指教育不收取学生（儿童）学费、杂费以及保育教育费。免费教育的经费由中央和地方财政按照教育领域财政事权和支出责任分担。目前，我国对九年义务教育实行免费，同时国家逐步分类推进中等职业教育免除学杂费，免除普通高中建档立卡等家庭经济困难学生学杂费，在提高教育普及水平、促进教育公平、推动基本公共教育服务均等化等方面发挥了重要作用。探索逐步扩大免费教育范围，有利于进一步提高教育普及程度、提高人力资源开发水平，进一步缩小教育的城乡、区域、校际、群体差距，进一步减轻家庭教育负担，充分保障适龄儿童少年受教育机会，增进民生福祉，推进共同富裕。

——选自《党的二十届三中全会〈决定〉学习辅导百问》

《决定》原文出处

优化区域教育资源配置，建立同人口变化相协调的基本公共教育服务供给机制。完善义务教育优质均衡推进机制，**探索逐步扩大免费教育范围**。健全学前教育和特殊教育、专门教育保障机制。推进教育数字化，赋能学习型社会建设，加强终身教育保障。

专家解读

如何理解“免费教育”

向春玲　中央党校（国家行政学院）科学社会主义教研部教授

免费教育是指由政府或其他机构提供资金，使学生无须支付学费或仅支付极少费用就能接受教育的政策和模式。这一政策具有公益性质，通过减轻家庭经济负担，减少因贫富差距导致的教育机会不平等，有利于缩小城乡、区域之间的教育差距，缩小社会阶层之间的差距。通过保障适龄儿童、青少年接受教育的权利，提高教育的普及程度，提高国民整体素质，为社会和经济的发展培养更多具备知识和技能的人才。

免费教育和义务教育是两个不同的概念，虽然都旨在提高教育普及率和公平性，但它们覆盖的教育阶段、覆盖的人群和资金来源等有所不同。第一，覆盖范围。免费教育范围可能更广，不仅限于义务教育阶段，免费教育可以在各个教育阶段实施，包括幼儿园、小学、初中、高中甚至大学。义务教育主要在小学和初中阶段实施，通常是九年制。第二，覆盖人群。免费教育可能针对特定群体，如低收入家庭的学生或者某些地区的学生。义务教育覆盖所有适龄儿童和青少年，不论其社会经济背景。第三，资金来源。免费教育由政府财政支持，也可能有私人捐赠和慈善组织的资助。义务教育主要由国家财政承担，确保所有适龄儿童都能平等接受教育。第四，实施方式。免费教育没有强制性，它是政府或非营利组织为帮助经济困难的学生提供的一种福利。义务教育具有强制性，是国家法律要求所有适龄儿童和青少年必须接受的教育，否则可能会面临法律责任。

我国免费教育的类型

目前，免费教育在全球范围内得到了不同程度的推广。在欧美国家，有的地区提供十三年免费教育，还有的地区正在向十五年过渡。在我国，免费教育类型主要包括义务教育、中等职业教育、普通高中教育和特殊教育等多种形式。第一，义务教育阶段。我国于1986年4月颁布了《中华人民共和国义务教育法》，1986年7月1日起在全国推行实施。这部法律不仅确立了普及义务教育制度，还使适龄儿童和青少年接受义务教育的权利得到了法律保障，标志着我国基础教育进入了一个新的发展阶段。九年义务教育阶段已经全面实行免费政策。九年义务教育包括小学阶段和初中阶段，在这个阶段，学生免除学费、杂费，农村地区的学生还享受免费的教科书。这一政策不仅确保了基础教育的普及性，还大大减轻了家庭的经济负担，促进了教育公平。第二，中等职业教育阶段。我国2006年开始实施中职学校贫困家庭学生免收学费，之后不断扩大免学费范围。目前，对于就读中等职业学校的学生，国家免除一、二、三年级在校生中所有农村（含县镇）学生、城市涉农专业学生、城市家庭经济困难学生、民族地区学校就读学生的学费。这一措施旨在促进职业教育的发展，提高学生的职业技能和就业能力。第三，普通高中教育阶段。对于就读普通高中学校的学生，原建档立卡家庭、农村低保家庭、农村特困救助供养、家庭经济困难残疾等四类学生都可以享受免学费政策。这一政策有助于减轻贫困家庭的教育负担，确保更多学生能够接受高中教育。第四，特殊教育（针对残疾人）。2016 年 8 月，《“十三五”加快残疾人小康进程规划纲要》提出，为家庭经济困难的残疾儿童、青少年提供包括义务教育、高中阶段教育在内的十二年免费教育。这一政策体现了国家对特殊群体的关怀和支持，保障了他们的受教育权利。此外，在一些局部地区（贫困地区），正在探索学前教育阶段的免费政策和资助。

免费教育的经费来源

免费教育的经费主要由中央和地方财政按照教育领域财政事权和支出责任分担。中央财政承担部分免费教科书、家庭经济困难学生生活费补助等费用，地方财政则负责学校运转、教师工资等支出。具体分担比例会根据教育阶段、地区经济发展水平等因素有所不同。这种分担机制确保了免费教育政策的顺利实施和可持续发展。

除了政府财政投入外，免费教育经费还可能通过其他渠道筹集，如社会捐赠、教育基金等。这些资金来源有助于补充政府财政投入，进一步保障免费教育政策的实施。不同教育阶段的免费教育经费承担主体和分担比例可能有所不同。以义务教育为例，其经费主要由国家财政承担，确保适龄儿童、少年能够按时入学并完成义务教育。而对于其他教育阶段的免费教育政策，如中等职业教育免除学杂费等，其经费承担主体和分担比例则可能根据具体政策而有所不同。

以政府为主体、多渠道的免费教育经费承担机制，能有力地推动基本公共教育服务均等化，不断减轻家庭教育的负担，有效减少因经济原因导致的辍学、失学现象，让更多的孩子能够上得起学、上得好学，在此过程中不断增进民生福祉，推进共同富裕。

免费教育的发展

展望未来，无论是国家的发展还是国际竞争，关键是人才，人才的关键是教育。特别是随着科技的发展和社会的进步，各国都在考虑如何扩大免费教育的范围和年限。一些发达国家公立学校提供了从幼儿园到高中的免费教育，有的发达国家局部地区为中低收入家庭的学生提供免费高等教育。还有些国家建立了覆盖所有公民和居民免费教育制度。党的二十届三中全会审议通过的《中共中央关于进一步全面深化改革、推进中国式现代化的决定》明确指出："完善义务教育优质均衡推进机制，探索逐步扩大免费教育范围。"为了适应中国式现代化发展，我国在现有九年义务教育前提下，也在探索逐步扩大免费教育范围，包括中等职业教育和学前教育等领域。实施免费学前教育，不仅能够有效鼓励生育，还是积极应对人口挑战、构建生育友好型社会的重要举措之一；同时，探索中等职业教育免费政策，有利于促进我国培养更多高素质技能型人才，有效缓解结构性就业矛盾，推动经济社会持续健康发展。

发展免费教育，需要政府、社会、学校和家庭等多方面的共同努力。政府通过对免费教育增加投入和优化教育资源的配置，确保每个孩子都能享受到公平高质量的教育机会；企业和社会力量通过捐款捐物、志愿服务等方式积极参与，为国家推进免费教育贡献力量；学校积极创新教学模式，提高教育质量，为国家培养高素质的现代化建设人才；家庭树立正确的教育观念，支持孩子的学习和发展。

当然也要认识到，免费教育的推进要与经济社会发展水平相适应。发展免费教育是一个渐进过程，需要国家结合经济社会发展阶段的国情，各地探索免费教育也需要结合地方发展实际，尽力而为，量力而行，以实现免费教育的持续健康发展。

专门教育

名词解释

专门教育是国民教育体系的组成部分，是对有严重不良行为的未成年人进行教育和矫治的重要保护处分措施。专门教育针对未成年人身心发展特点，对专门学校学生系统深入地开展思想道德教育、法治教育、艺术体育教育、科学文化教育、职业技术教育、心理健康教育、生命教育等，帮助他们树立正确的世界观人生观价值观，培育法治意识和规则意识，明确基本的行为底线，纠正心理和行为偏差。加强专门学校建设和专门教育工作，是预防和减少青少年违法犯罪的现实要求，是促进青少年整体健康成长的底线保障，关系家庭幸福安宁，也关系社会和谐稳定、国家长治久安。专门学校的建设和管理、专门教育的形式和内容，应依据教育法、义务教育法、未成年人保护法、预防未成年人犯罪法等法律法规实施。

——选自《党的二十届三中全会〈决定〉学习辅导百问》

《决定》原文出处

优化区域教育资源配置，建立同人口变化相协调的基本公共教育服务供给机制。完善义务教育优质均衡推进机制，探索逐步扩大免费教育范围。**健全学前教育和特殊教育、专门教育保障机制**。推进教育数字化，赋能学习型社会建设，加强终身教育保障。

专家解读

如何理解“专门教育”

胡薇 中央党校（国家行政学院）社会和生态文明教研部副教授

党的二十届三中全会指出：“健全学前教育和特殊教育、专门教育保障机制。”专门教育是国民教育体系的组成部分，是对有严重不良行为的未成年人进行教育和矫治的重要保护处分措施。对专门教育的突出强调是党中央准确把握当前青少年问题，及时回应社会关切，预防和提前干预青少年犯罪的重要举措。当前，随着社会转型加速、互联网发展、社会心理问题凸显和家庭监护不足等诸多原因，未成年人不良行为有增多且复杂化的趋势，其中犯罪问题日益突出，特别是不满 14 周岁青少年的暴力犯罪问题更是引发社会高度关注。最高法的数据显示，2021 年至 2023 年，人民法院共审结未成年人犯罪案件 73178 件，判处未成年人罪犯 98426 人，占同期全部刑事罪犯的 2%至 2.5%。对未成年人不良行为必须进行有效干预和提前预防，做到宽容不纵容，既要惩罚更要教育，而通过专门学校的专门教育加强对有严重不良行为青少年的教育矫治，是重要手段之一。

专门教育来源于早期的工读学校。工读学校是我国在20世纪50年代，为解决不良行为青少年的教育问题，仿照苏联经验所建立的半工半读学校。工读学校采取教育和生产劳动相结合的办法，通过集体生活和劳动改造让青少年在矫治不良行为的同时还可以学习文化知识，对挽救和保护未成年人起到了重要的作用。20世纪60、70年代，工读学校曾一度停办，80年代开始逐渐恢复。1991年我国颁布《中华人民共和国未成年人保护法》，工读学校作为学校保护的一项重要内容入法。1992年《中华人民共和国义务教育法实施细则》将工读学校列为“承担实施义务教育任务的学校”。由此可见，工读学校已属于国民教育体系的一部分。但这一时期工读学校的管教功能远大于教育功能，社会上也有很多人误以为其是“少管所”。随着社会法治观念的不断进步，2006年修订的《中华人民共和国义务教育法》提出了“专门的学校”的概念，以此代替“工读学校”的提法。2012年修订的《中华人民共和国未成年人保护法》则将工读学校直接改为“专门学校”。2020年新修订《中华人民共和国预防未成年人犯罪法》也采用了“专门学校”的概念，其中第六条指出，“国家加强专门学校建设，对有严重不良行为的未成年人进行专门教育。专门教育是国民教育体系的组成部分，是对有严重不良行为的未成年人进行教育和矫治的重要保护处分措施”。专门学校建设和专门教育体系建设被上升至国家行为的高度。

专门教育收生经历了从行政强制到个体自愿的发展过程。20 世纪 90 年代以前，工读学校带有明显的行政色彩，实行教育行政部门和公安机关直接审批。“问题少年”的定位、强制招生的要求使工读学校带上了“污名化”的特点，有些家长明知自己的孩子处于失控状态、濒临犯罪边缘，宁愿让其发展下去也不愿意将孩子送到工读学校接受教育。90 年代以来，工读学校开始淡化其“问题少年”的特征，逐步改名为专门学校。当前，进入专门学校主要有两种途径：一是申请制。未成年人的父母或者其他监护人、所在学校无力管教或者管教无效的，可以向教育行政部门提出申请，经专门教育指导委员会评估同意后，由教育行政部门决定送入专门学校接受专门教育。二是决定制。未成年人有诸如实施严重危害社会的行为等法律认定的情形的，经专门教育指导委员会评估同意，教育行政部门会同公安机关可以决定将其送入专门学校接受专门教育。现实操作中，专门学校收生大多遵循的是“三自愿”的原则，即未成年人本人、父母或者其他监护人、原所在学校均同意。

健全专门教育保障机制势在必行。2022 年，我国共有专门学校 119 所，教职工 3620 人，专职教师 2437 人，在校生 8109 人。从数据来看，我国专门学校的建设是严重不足的。专门学校的数量太少，一些学校缺乏专门场所无法满足闭环管理的要求，社会对专门学校也依然带有“有色眼镜”，有些专门学校出于生存需要还出现了明显的职业教育倾向和校外培训倾向等，这些都导致专门学校的发展严重滞后于社会发展的要求。2022 年“专门教育”首次出现在政府工作报告中，党的二十届三中全会更是强调要健全专门教育保障机制，凸显现代国家治理对青少年教育问题的突出重视。

健全专门教育保障机制，可从以下几方面入手。一是加强专门教育的法律和制度建设。目前关于专门教育的各项工作规定主要来源于未成年人保护法和预防未成年人犯罪法，政策规定较为笼统，操作性、指导性、规范性不强。通过设立专门的法律和制度，可使专门教育的发展更加系统、规范，与相关惩罚措施的衔接更为顺畅，政策保障也将更加明确。二是保障专门教育的投入，特别是经费、场地和设施的投入。专门教育承担的是国民教育的任务，因此应当像保障国民教育一样保障专门教育的经费、场地和设施，而且由于专门教育的难度更高，甚至应该得到优先保障。三是不断完善专门教育的课程体系。在动态对标普通学校的文化科学知识课程之外，要针对不良行为青少年的特点，在道德、法治、心理、社会交往等方面加强教育，并不断创新教学的方式方法。四是保障专门教育的师资发展。专门教育学校的师资有特殊的要求，但待遇和事业发展却可能不如普通学校教师。要保障并改善专门学校教师的待遇，拓宽职称等晋升渠道，并加大培养专门教育人才的力度。五是保障专门教育学校学生的正常发展。要持续做好“去污名化”的工作，使接受专门教育的孩子能和普通孩子一样正常升学、工作，而不仅仅是接受职业教育。六是加强对专门教育的质量评估，特别是建设好专门教育指导委员会。专门教育指导委员会在专门教育的全环节中发挥了重要作用，无论是在专门学校的设置、学生入校还是离校程序上，都需要经过专门教育指导委员会的评估。专门教育指导委员会涉及教育、民政、财政、人社、公安、司法行政等多个部门，还包括律师、社会工作者等专业人士，是专门教育的关键一环。但目前对专门教育指导委员会的工作程序、评估方式、评估效力等细节性的问题并无具体规定和指导，专门教育指导委员会的设立在实践中也出现各不相同的做法，严重影响了专门教育的严肃性和规范性，亟须进一步细化相应规范。

科技伦理

名词解释

科技伦理是指在科学研究和技术开发等科技活动中，科技工作者及其共同体需要遵循的价值理念和行为规范，是促进科技向善、增进人类福祉、推动科技事业健康发展的重要保障。

——选自《党的二十届三中全会〈决定〉学习辅导百问》

《决定》原文出处

改进科技计划管理，强化基础研究领域、交叉前沿领域、重点领域前瞻性、引领性布局。加强有组织的基础研究，提高科技支出用于基础研究比重，完善竞争性支持和稳定支持相结合的基础研究投入机制，鼓励有条件的地方、企业、社会组织、个人支持基础研究，支持基础研究选题多样化，鼓励开展高风险、高价值基础研究。深化科技评价体系改革，**加强科技伦理治理**，严肃整治学术不端行为。

专家解读

如何理解“科技伦理”

胡明艳　中央党校（国家行政学院）哲学教研部副教授

科技是发展的利器，也可能成为风险的源头。纵观人类历史，每一次重大的科技跃迁作为生产力的变革性力量，都给人类社会带来了翻天覆地的变化，极大改变了人们的生产方式、生活方式和思维方式。与此同时，现代科学技术不仅展现为一种物质性实践，还呈现为一场开拓性的社会伦理试验。科技创新不断突破了传统社会形成的各类伦理规范标准，给人类社会和自然环境带来诸多新的风险。比如，人工智能冲击了个人隐私权、信息选择权以及社会公正，生物医学技术改变了生命自然属性并对传统生命价值观构成了挑战，各类科技产品侵扰了自然生态环境并引发人与自然关系的紧张等。

为了实现科技发展和人类社会的良性互动，我们需要前瞻性地研判科技发展可能带来的伦理挑战和社会风险，并采取恰当的监管措施规范科学研究和技术研发活动。作为科技向善价值理念的体现，科技伦理就是在科技创新过程中对上述各种风险挑战进行规制的价值理念和行为规范。而运用这样的价值理念和行为规范来规制科技创新过程、为科技创新构建软着陆机制的各种实践就是科技伦理治理。当前，新一轮科技革命和产业变革加速演进，科技创新对人类文明未来的影响越发突出和深远，“科技发展，伦理先行”已成为世界各国当前开展科技创新的共识。世界各主要国家和地区都在不断加强人工智能、生命科学等前沿新型技术领域科技伦理治理工作。科技伦理治理已经成为前沿科技竞争和国际科技合作的必然要求。科技伦理治理能力也已成为科技创新综合实力的重要构成和题中之义。随着我国科技创新步伐不断加快，我国将不可避免地进入越来越多的科技“无人区”，会面临很多缺乏先例和经验的新伦理问题。这将给我国科技的可持续发展带来更多挑战、提出更高要求。在此情形下，要把我国真正建成世界科技强国、实现高水平科技自立自强，就需要努力实现科技创新高质量发展与高水平安全的良性互动，就需要我们遵循科技向善的伦理导向，全面加强科技伦理建设，加快提升科技伦理治理能力。

进入新时代以来，党中央一直高度重视科技伦理问题。2019 年 7 月，中央深改委第九次会议审议通过了《国家科技伦理委员会组建方案》。2021 年 12 月召开的中央深改委第二十三次会议审议通过了《关于加强科技伦理治理的指导意见》。党的十九届四中全会、五中全会先后作出关于“健全科技伦理治理体制”“健全科技伦理体系”的决策部署。2021 年 12 月，新修订的《中华人民共和国科学技术进步法》提出“完善科技伦理制度规范，加强科技伦理教育和研究，健全科技伦理审查机制”“建立和完善科研诚信制度和科技监督体系”，为健全我国科技伦理治理体制奠定了法律基础。2022 年 3 月，中共中央办公厅、国务院办公厅印发的《关于加强科技伦理治理的指导意见》，对“科技伦理原则”“健全科技伦理治理体制”“加强科技伦理治理的制度性保障”“强化科技伦理审查与监管”“开展科技伦理教育和宣传”等作出明确界定和要求，成为我国加快构建中国特色科技伦理体系、推动科技向善的里程碑式文件。

在党中央的一系列部署下，我国的科技伦理治理呈现出良好的发展态势。《国家中长期科学和技术发展规划（2021—2035 年）》和“十四五”科技创新规划都将科技伦理与科技创新一齐谋划布局。尤其值得关注的是，我国走在世界前列的人工智能伦理治理。2019 年 6 月，国家新一代人工智能治理专业委员会发布了《新一代人工智能治理原则——发展负责任的人工智能》，着重提出了发展“负责任的人工智能”这一主题。2021 年，该委员会又发布了旨在将伦理道德融入人工智能全生命周期的《新一代人工智能伦理规范》，为从事人工智能相关活动的自然人、法人和其他相关机构等提供伦理指引。2023 年，我国国家网信办联合国家发展改革委、教育部、科技部、工业和信息化部、公安部、广电总局 7 部门发布了《生成式人工智能服务管理暂行办法》。这是全球第一个全面监管生成式人工智能的立法文件，为我国生成式人工智能在各领域的应用指明了健康规范的发展方向。2024 年，我国又发布了《生成式人工智能服务安全基本要求》，进一步规定了生成式人工智能服务在安全方面的基本要求。这些政策法规都有助于保障人工智能发展与安全并重、促进创新与依法治理相结合。

专精特新

名词解释

专精特新是专业化、精细化、特色化、创新能力强的简称。“专”，即专业化，强调顺应产业分工，聚焦细分领域，心无旁骛、坚守主业、深耕细作。“精”，即精细化，强调企业管理精细精益、产品服务精致精良、技术工艺精益求精。“特”，即特色化，强调技术、工艺和产品等有自身独特优势，掌握“独门绝技”。“新”，即创新能力强，强调以创新为企业生存和发展的根本，持续开展组织创新、技术创新、市场创新，加大创新投入，提升创新能力。专精特新中小企业以专注铸专长，以配套强产业，以创新赢市场，是提升产业链供应链韧性和竞争力的关键环节，是解决关键核心技术“卡脖子”问题的重要力量，是发展新质生产力、构建新发展格局的有力支撑。

——选自《党的二十届三中全会〈决定〉学习辅导百问》

《决定》原文出处

强化企业科技创新主体地位，建立培育壮大科技领军企业机制，加强企业主导的产学研深度融合，建立企业研发准备金制度，支持企业主动牵头或参与国家科技攻关任务。**构建促进专精特新中小企业发展壮大机制。**鼓励科技型中小企业加大研发投入，提高研发费用加计扣除比例。鼓励和引导高校、科研院所按照先使用后付费方式把科技成果许可给中小微企业使用。

专家解读

如何理解“专精特新”

蔡之兵　中央党校（国家行政学院）经济学教研部教授

《中共中央关于进一步全面深化改革、推进中国式现代化的决定》提出要“构建促进专精特新中小企业发展壮大机制”。“专精特新”是专业化、精细化、特色化、创新能力强的简称，其目标是引导中小企业形成以专注铸专长，以配套强产业，以创新赢市场的发展理念。自 2011 年工信部首次提出大力推动中小企业向“专精特新”方向发展以来，我国已累计培育专精特新中小企业超过 14 万家。

从“专精特新”的各自内涵看：“专”，即专业化，强调企业应顺应产业分工，专注核心业务，聚焦细分领域，心无旁骛、坚守主业、深耕细作，助力企业在产业链的某一环节中占据主导优势。“精”，即精细化，强调企业经营管理的全过程应坚持精细思维，在企业管理上坚持精细精益、在产品服务上实现精致精良、在技术工艺上追求精益求精，打造企业的质量优势。“特”，即特色化，强调企业应该重视利用特色资源、特殊工艺、特殊技术、特殊配方或特殊原料进行研制生产或者提供独具特色的产品或服务，打造独特性、独有性、独家生产的企业品牌，形成企业的比较优势。“新”，即创新能力强，强调企业应以创新为企业生存和发展的根本，加大创新投入，提升创新能力，在生产经营过程中坚持开展组织创新、技术创新、市场创新，确保企业能够向市场持续提供新产品、新创意、新模式，壮大企业的竞争优势。

从“专精特新”的相互关系看，专精特新并非相互独立的个体而是具有内在联系的整体。在“专精特新”四大要求中，“新”是企业发展的根本目标，持续增强企业的创新能力和创新产出，是确保企业始终占据市场竞争优势并不断迈向更高水平的根本前提。“专精特”则是实现“新”的主要方式和重要路径，企业创新能力的增强源于企业专业化、精细化、特色化水平的提高。大量国内外优秀企业的发展历程充分证明，专业化、精细化、特色化的过程都孕育着增强企业创新能力的机遇和渠道，持续提高企业专业化、精细化、特色化水平，将为企业创新能力的增强提供源源不断的动力。

促进“专精特新”中小企业发展，既是助力中小企业不断提高市场竞争能力的重要路径，也是推动宏观经济高质量转型的重要支撑。在微观层面，“专精特新”中小企业的发展壮大，有助于形成攻克关键核心技术“卡脖子”问题的合力，稳步提升产业链供应链韧性和竞争力。在宏观层面，“专精特新”中小企业的发展壮大，有利于形成新的增长动能、新的产业载体、新的市场模式，是发展新质生产力、构建新发展格局的有力支撑。

概念验证

名词解释

概念验证是指从技术、市场、产业等维度，对科技成果进行验证，旨在验证技术可行性并判断商业价值、评估市场潜力，是吸引社会资本推动科技成果形成产品、迈向市场化产业化应用阶段的重要环节。

——选自《党的二十届三中全会〈决定〉学习辅导百问》

《决定》原文出处

深化科技成果转化机制改革，加强国家技术转移体系建设，**加快布局建设一批概念验证、中试验证平台，**完善首台（套）、首批次、首版次应用政策，加大政府采购自主创新产品力度。加强技术经理人队伍建设。

专家解读

如何理解“概念验证”

李蕾　中央党校（国家行政学院）经济学教研部教授

党的二十届三中全会指出：“深化科技成果转化机制改革，加强国家技术转移体系建设，加快布局建设一批概念验证、中试验证平台，完善首台（套）、首批次、首版次应用政策，加大政府采购自主创新产品力度。加强技术经理人队伍建设。”高质量布局建设一批概念验证平台是破解我国科技成果转化率低、创新链和产业链融合不足问题的重要举措，也是提升国家创新体系整体效能的关键一招。

概念验证，简单地说就是对技术构想进行技术可行性和市场获利性论证，从技术成熟度、市场需求规模、商业应用场景、行业竞争强度和知识产权保护等多维度评估一项技术的发展前景，从众多的技术创新构想和项目中筛选出有产业化潜力的技术，并通过对接资金、人才、市场等创新要素更快地实现科技成果转化。一项新技术从孕育诞生到推广应用是一个漫长且高风险的过程，需要经历五个关键阶段：基础研究—概念验证—样机开发—工程放大—产业化应用。其中，概念验证阶段是科技成果从技术构想到产业化应用的第一步，被称为科技成果转化的“最先一公里”，高质量的概念验证可以用比较少的资金和比较短的时间把真正有发展潜力的技术成果筛选出来，是弥补高校和科研机构基础研究成果与市场化应用之间空白点的关键环节，也是助力技术跨越创新“死亡之谷”的重要方法。

概念验证平台是组织实施概念验证活动的专门机构。最初的概念验证平台是由高校发起的。2001 年，美国加州大学圣地亚哥分校为了解决学校科技专利成果转化率低的问题创立了概念验证中心，取得了很好的效果。很快，有组织地建设概念验证中心的做法在美国大学中得到推广，成为研究型大学推动科技成果转化的重要科技组织形式。随后，美国政府也大力支持概念验证中心发展，通过法案、拨款等方式引导大学和实验室在技术开发的早期阶段开展概念验证活动，确保创新资源向有发展潜力的技术项目集中，提高科技创新的成果率。目前，布局建设概念验证平台已经成为世界各国加速科技创新的普遍做法，在政府的引导下，高校、科研机构、企业、行业协会和投资机构等多元主体共同参与概念验证平台的建设，通过信息共享、交流合作和相互赋能推动学术尽快转化为技术，并成功将技术转化为产品。概念验证平台的功能作用也从技术项目的筛选扩大到技术发展趋势研判、风险投资对接、商业模式导入、创新团队培训等全链条、多要素整合的科技创新服务，越来越注重对高潜力技术项目的赋能和孵化，分阶段、有步骤地推动技术走向市场。概念验证平台能够弥补科研人员在成果转化上的能力和精力的不足，挖掘科学发现和技术突破背后的商业价值，提升科研人员在项目管理上的能力，帮助科研人员和科研团队迈出科技成果转化的第一步。为学校的技术专利产业化应用提供包括项目筛选、种子资金、商业顾问、知识产权和创业教育在内的一揽子技术转化服务。

我国在概念验证中心建设上已经有了不少探索实践。2018 年，西安交通大学依托国家技术转移中心，成立了全国高校首个概念验证中心。2019 年，中关村科学城和北京航空航天大学联合成立了北京首个概念验证中心，政府资助高校开展概念验证活动，使科技创新成果转化全链条的布局更加完备，基础研究到产业孵化的早期风险得到有效管理。北京市已经推动清华大学、北京大学、中国科学院等高水平研究型大学和国家科研机构建设概念验证中心，为教师和学生们的新想法提供试验条件和可行性分析指导和融资支持，让存在于科研人员头脑中的科技创意变得真实可见，挖掘和释放存量科技成果，让科研成果走出实验室，走向市场，走向经济社会发展的最前沿。

高质量布局建设概念验证平台必须紧扣推动高质量发展的目标要求，聚焦加快发展新质生产力，推动科学技术解决方案更快地转化为创新驱动发展的动力，走实走稳科技成果转化的“最先一公里”。一是要重视专家团队建设，提高专业化服务能力，防止平台建设“见物不见人”。概念验证中心的技术评估、筛选和前景预测必须建立在科学的工具方法和丰富的科技创新实践的基础上，方法的科学性和决策的前瞻性同等重要，一流的专业化团队是概念验证平台最有价值的资源。专家团队的质量和高度决定了概念验证平台的质量和高度。二是要重视技术构想的征集和培育。高水平特别是原创性的科技创新成果是技术转化的源头活水，概念验证平台必须有足够的技术构想入库才有可能优中选优，评估筛选出有潜力的技术项目。科技成果转化过程不是简单线性地从科技成果转变成技术和产品，而是在国家创新体系中基础研究、研究发展和产业化应用的三元交互网络，概念验证平台要成为交互网络中重要的节点和枢纽，把企业和市场的应用需求即时传递给大学和科研机构，让基础研究和应用开发实现无缝链接。三是重视打造多元开放的创新生态。概念验证平台相比于概念验证中心，其组织方式更加强调系统的开放度、多元化和共享性，能够快速高效地聚合技术、知识、管理、数据、人才、资金等创新要素，组织协同高校、研究机构、国家实验室、企业、行业协会、产业联盟等多种创新主体，实现创新链、产业链、资金链、人才链的深度融合，在快速迭代、共建共享和共同进化的过程中实现所有参与者的合作共赢。四是要重视将有效市场和有为政府结合起来。从各地概念验证中心建设的经验看，政府通过制定规划、出台政策、资金注入等方式能够引导高校和科研院所重视概念验证，撬动社会创新资源投早、投小、投长期。与此同时，概念验证的目标是让高校和研究机构的科研成果走出实验室进入市场，市场是技术成熟度的最终检验者，概念验证平台的布局建设必须坚持市场化的发展路径，让市场在科技资源配置中发挥决定性的作用。

国家宏观资产负债表

名词解释

国家宏观资产负债表是综合反映一个国家或地区在特定时间点上拥有的资产、负债总量及结构的统计表，包括政府、住户、非金融企业、金融机构等各部门机构所拥有的资产与负债的规模和结构。国家宏观资产负债表可以衡量一国多年经济增长所形成的财富积累，用以从存量视角分析国家经济的变化趋势和健康状况。

——选自《党的二十届三中全会〈决定〉学习辅导百问》

《决定》原文出处

围绕实施国家发展规划、重大战略促进财政、货币、产业、价格、就业等政策协同发力，优化各类增量资源配置和存量结构调整。**探索实行国家宏观资产负债表管理**。把经济政策和非经济性政策都纳入宏观政策取向一致性评估。健全预期管理机制。健全支撑高质量发展的统计指标核算体系，加强新经济新领域纳统覆盖。加强产业活动单位统计基础建设，优化总部和分支机构统计办法，逐步推广经营主体活动发生地统计。健全国际宏观政策协调机制。

专家解读

如何理解“国家宏观资产负债表”

蔡之兵　中央党校（国家行政学院）经济学教研部教授

《中共中央关于进一步全面深化改革、推进中国式现代化的决定》提出要“探索实行国家宏观资产负债表管理”“优化各类增量资源配置和存量结构调整”。作为财务会计学领域的重要工具，资产负债表能够从资产端和负债端全面记录各社会组织的财务状况。通俗地讲，资产负债表就是算账的工具。同样的逻辑，国家宏观资产负债表，是指以国家为编制对象，对包括政府、住户、非金融企业、金融机构等各部门机构所拥有的资产与负债进行分类，然后分别加总得到的报表，这张表能够清晰地反映一个国家或地区在特定时间点上拥有的资产、负债总量及结构。

与美国、日本、澳大利亚、加拿大等定期公布国家资产负债表的发达国家相比，我国的国家资产负债表编制工作起步较晚，但进展较为迅速。2013 年党的十八届三中全会明确提出要“编制全国和地方资产负债表”。2017 年中央全面深化改革领导小组第三十六次会议审议通过了《全国和地方资产负债表编制工作方案》，为全国和地方资产负债表的编制提供了顶层设计。党的二十届三中全会提出的“探索实行国家宏观资产负债表管理”，则意味着我国即将进入新的宏观经济治理阶段。

从国际经验和国内实践看，实行国家宏观资产负债表管理，既是增强宏观经济治理能力的重要基础，也是提高国家治理体系和治理能力现代化水平的重要前提。

从当期看，国家资产负债表是“显微镜”和“放大镜”。编制国家宏观资产负债表的过程，实际上就是摸清国家“家底”的过程。在此情形下，依托国家宏观资产负债表的宏观经济治理，既能全面掌握各部门、各地区的资产负债情况，又可以对不同部门、不同地区的资产负债情况进行总量和结构比较，各类隐藏在错综复杂的部门和地方关系下的真实信息和关键难题都会一一显现，这将为宏观经济政策、各类经济规划的制定提供更为全面和准确的信息，会极大提高宏观经济治理的精准性和有效性，有助于保障资源配置效率从而促进经济的可持续发展。

从远期看，国家资产负债表是“透视镜”和“望远镜”。保障宏观经济治理的效果，既需要成功破解各类当期或短期难题，也需要有效应对各种中长期难题，这就必然要求宏观经济治理能够精准识别未来的发展趋势并制定具有前瞻性的政策举措。然而，传统的国民经济核算体系以GDP为主要指标，只能进行流量分析，它只能反映一国在一定时期内经济活动的增减变化，而无法反映一国在连续时期内的经济活动变化。相比之下，国家资产负债表不仅能进行流量分析，还可以进行存量分析从而能够为宏观经济治理提供连续性和大样本的决策依据，这使得依托国家资产负债表的宏观经济治理在前瞻性应对上具备了独特优势，能够在防范各类潜在的经济、金融、财政、社会风险等方面发挥更大作用，有助于实现宏观经济的平稳健康发展。

预期管理

名词解释

预期管理是宏观经济治理的重要内容，指政府部门通过政策解读、信息公开、新闻发布等方式，加强与公众的信息沟通，有效引导、协调和稳定社会预期，使政策在某种程度上可被预见和理解，以实现政策效果最大化，确保政策的实施能够达到预期效果。预期管理对于稳定市场、提高政策效果具有重要意义，通过有效的预期管理，可以引导市场参与者的行为，减少市场波动，提高政策的执行效率和效果。

——选自《党的二十届三中全会〈决定〉学习辅导百问》

《决定》原文出处

围绕实施国家发展规划、重大战略促进财政、货币、产业、价格、就业等政策协同发力，优化各类增量资源配置和存量结构调整。探索实行国家宏观资产负债表管理。把经济政策和非经济性政策都纳入宏观政策取向一致性评估。**健全预期管理机制。**健全支撑高质量发展的统计指标核算体系，加强新经济新领域纳统覆盖。加强产业活动单位统计基础建设，优化总部和分支机构统计办法，逐步推广经营主体活动发生地统计。健全国际宏观政策协调机制。

专家解读

如何理解“预期管理”

蔡之兵　中央党校（国家行政学院）经济学教研部教授

《中共中央关于进一步全面深化改革、推进中国式现代化的决定》提出“健全预期管理机制”。预期管理是政府部门通过政策解读、信息公开、新闻发布等方式，对整个社会预期进行有效引导和回应，确保政策实施能够达到预期效果的全过程。在经济学中，预期是指经济主体基于过去的经验、现有的信息和正常的逻辑推理，对某一经济指标或整体宏观经济形势作出的主观判断。国内外的经济实践都已证明，预期是影响宏观经济发展趋势和宏观经济治理效果的重要变量，预期管理也由此在宏观经济调控中被赋予了重要地位。

从必要性看，预期管理是宏观经济治理的重要内容。科学的预期管理，既能最大程度发挥宏观调控政策的正面作用，又可以最大化降低宏观调控政策的负面影响，是确保宏观经济治理顺利实现预期目标的重要前提。一方面，预期管理能够回应正面的社会预期并实现政策取向与社会预期的同频共振，形成宏观经济治理的合力从而取得事半功倍的效果。另一方面，预期管理会为负面社会预期的消化提供缓冲期。任何类型宏观政策都具有正面和负面双重效应，预期管理通过提前和公开沟通，有助于相关经济主体提前谋划和有效应对宏观政策的负面冲击从而尽可能降低宏观调控的负面效果。

从挑战性看，在宏观经济调控的过程中，想要做好预期管理也面临较多挑战。一是把握预期的准度。即使处于相同的发展阶段，不同经济主体对未来经济走势的预期判断也不相同，如何准确把握多数经济主体的共同预期，是确保预期管理效果的根本前提。二是回应预期的速度。社会预期会随着时间的变化而发生变化，如果宏观调控政策不能及时回应社会预期最为关切的难题，其最终效果可能就难以保障。三是应对预期的力度。宏观调控政策的力度与社会预期的匹配程度，既是预期管理效果的直接体现，也是决定宏观调控政策效果的重要因素。

从有效性看，确保预期管理的效果应从政策制定机制和政策协调机制同时着手。一方面，宏观政策的制定要追求透明性，尽可能减少由市场主体与决策层之间的“信息不对称”导致的决策误差。只有通过增强政策的透明度，及时发布各类统计数据和政策信息，帮助经营主体迅速准确把握政策意图和政策运行情况，才能在全社会形成稳定和清晰的预期。另一方面，宏观政策的协调要追求一致性，避免不同政策之间的矛盾冲击和扰乱社会预期。由于宏观调控同时涉及多个部门，这些部门政策会对社会预期产生不同的影响，如果这些宏观政策不能保持一致而是各行其是，整个社会预期就会呈现无序演变的特征，将严重影响预期管理的效果。可见，实现宏观政策取向的一致性，是确保预期管理效果的根本前提。

劳动性所得

劳动性所得是指经过劳动创造了价值和使用价值而取得的所得，包含物质性和非物质性的劳动产品。劳动性所得不同于资本性所得，其取得的条件是必须经过劳动，从劳动中取得，不劳动则无所得。

——选自《党的二十届三中全会〈决定〉学习辅导百问》

《决定》原文出处

健全有利于高质量发展、社会公平、市场统一的税收制度，优化税制结构。研究同新业态相适应的税收制度。全面落实税收法定原则，规范税收优惠政策，完善对重点领域和关键环节支持机制。健全直接税体系，完善综合和分类相结合的个人所得税制度，规范经营所得、资本所得、财产所得税收政策，**实行劳动性所得统一征税**。

专家解读

如何理解“劳动性所得”

袁辉　中央党校（国家行政学院）经济学教研部教授

《中共中央关于进一步全面深化改革、推进中国式现代化的决定》指出：“健全直接税体系，完善综合和分类相结合的个人所得税制度，规范经营所得、资本所得、财产所得税收政策，实行劳动性所得统一征税。”其中，劳动性所得是指经过劳动创造了价值和使用价值而取得的所得，包含物质性和非物质性的劳动产品。

劳动产品具有各种不同的形态，既有物质的，也有非物质的，如麻布、上衣、面包、电脑、服务等。它们凭借自身的属性满足了人们的某种需求，正是这种有用性使其成为使用价值。然而，当我们观察劳动产品在市场上的相互交换行为时，尽管它们之间的交换比例在转手过程中可能因时间和地点的不同而有所变化，看似偶然和相对，但实际上必然要求存在某种共通性，使得所有交换的劳动产品可以通约。那么，如果我们撇开使用价值，抽去形成使用价值的物体的组成部分和特定形式，以及与之相对应的劳动的具体形式，就会发现“它们剩下的只是同一的幽灵般的对象性，只是无差别的人类劳动的单纯凝结……这些物现在只是表示，在它们的生产上耗费了人类劳动力，积累了人类劳动。这些物，作为它们共有的这个社会实体的结晶，就是价值——商品价值”。

换句话说，劳动在两个方面发挥着作用。一方面，就其在特殊的有一定目的的形式上的耗费，即作为具体的有用的劳动这个属性而言，它生产使用价值；另一方面，就其在生理学意义上的耗费，即作为相同的或抽象的人类劳动这个属性而言，它形成价值。劳动性所得，是指劳动因创造了价值和使用价值而取得的收入。当然，劳动产品中包含着除劳动之外的物质基础，比如流水线上的制衣工人在生产上衣时除了耗费自己的体力和脑力，还需要借助布匹和缝纫机。因此，劳动不是使用价值即物质财富的唯一源泉，劳动、资本、土地、知识、技术、管理、数据等生产要素都参与了使用价值的生产，都能够凭借它们在创造产品过程中地位和作用的大小参与分配，进而产生资本所得、财产所得等其他收入形式。

形成价值的无差别人类劳动有简单和复杂之别。客观来讲，各种劳动在技术的复杂程度上各不相同。简单劳动是指“那些事先不需要经过任何特殊的训练或学习，而为每一个普通的人都能够从事的劳动”，而“比较复杂的劳动只是自乘的或不如说多倍的简单劳动，因此，少量的复杂劳动等于多量的简单劳动”。当知识、技术、管理等一旦被劳动者掌握，劳动的复杂程度就会随之提高，使劳动者在单位时间里付出了“倍加”的简单劳动，从而创造出更多的价值。

习近平总书记强调，“人世间的一切幸福都需要靠辛勤的劳动来创造”“劳动是财富的源泉，也是幸福的源泉”。我们要坚持按劳分配为主体、多种分配方式并存的基本分配制度，围绕提高劳动报酬在初次分配中的比重，完善劳动者工资决定、合理增长、支付保障机制，以合理的工资收入分配制度更好体现人力资源价值。同时，把增强致富本领与提高居民收入有机结合，加快建设知识型、技能型、创新型劳动者大军，“使更多普通劳动者通过自身努力进入中等收入群体”。

《中共中央关于进一步全面深化改革、推进中国式现代化的决定》提出的“实行劳动性所得统一征税”，就是要将经由劳动获得的各种收入，都按照统一的标准进行征税。目前，我国已初步建立起综合与分类相结合的个人所得税制度，其中，工资薪金、劳务报酬、稿酬和特许权使用费所得按纳税年度合并，根据超额累进税率计算个人所得税，其余则分别计算，适用不同税率。此项改革措施的推出，将进一步明确劳动性所得的适用范围，规范征收流程和征收方式，消除不同劳动收入来源之间的差异，形成更加公平合理的税收环境，有效促进社会的公平与和谐。

人民币离岸市场

根据国际货币基金组织定义，离岸市场一般指在货币发行国之外，开展该国货币资金融通活动的区域，也可位于货币发行国国内具备与国际接轨的法律、会计、金融监管等制度条件的特殊区域。相应地，人民币离岸市场是指在中国司法管辖之外，开展人民币存贷款、汇兑和结算，以及人民币计价的股票、债券、衍生品等金融产品发行和交易的区域。目前人民币离岸市场主要包括中国香港、新加坡、英国伦敦等地。

——选自《党的二十届三中全会〈决定〉学习辅导百问》

《决定》原文出处

制定金融法。完善金融监管体系，依法将所有金融活动纳入监管，强化监管责任和问责制度，加强中央和地方监管协同。建设安全高效的金融基础设施，统一金融市场登记托管、结算清算规则制度，建立风险早期纠正硬约束制度，筑牢有效防控系统性风险的金融稳定保障体系。健全金融消费者保护和打击非法金融活动机制，构建产业资本和金融资本“防火墙”。推动金融高水平开放，稳慎扎实推进人民币国际化，**发展人民币离岸市场**。稳妥推进数字人民币研发和应用。加快建设上海国际金融中心。

专家解读

如何理解“人民币离岸市场”

郭威 中央党校（国家行政学院）经济学教研部教授

《中共中央关于进一步全面深化改革、推进中国式现代化的决定》明确提出：“推动金融高水平开放，稳慎扎实推进人民币国际化，发展人民币离岸市场。”在全面建成社会主义现代化强国的征程中，加快建设金融强国是不可或缺的一环。综观世界各国的发展规律，金融强国的建设往往伴随着强大的货币作为支撑。缺乏强大的货币，作为货币发行主体的中央银行难以确立其强大地位，金融机构在跨境交易、金融风险管理和国际竞争中的参与度与竞争力也将受到严重制约，进而难以成长为真正强大的金融机构。可见，强大的货币是建设金融强国的基石和前提。

一般来说，强大的货币应当是在国际贸易中被普遍作为结算和计价，在国际投融资交易中被广泛使用以及在各国外汇储备中占据重要位置，从而具有高度国际地位和稳定币值水平的货币。因此，货币的国际化程度是衡量一国货币强大与否的重要标志。任何一个国家随着经济实力的不断提升，该国货币必然要求走向国际化。

我国成为世界第二大经济体已经十余年，但人民币的国际货币地位仍与我国的大国经济地位不相匹配。所以，要加快建设金融强国，就必须推动金融高水平开放，稳慎扎实推进人民币国际化。发展人民币离岸市场，能够有效促使人民币在境外得到更加广泛的流通和使用，进而不断提升人民币的国际认可度和接受度。这不仅是推进人民币国际化的重要平台和渠道，也有助于推动金融高水平开放。

人民币离岸市场是相对于人民币在岸市场而言的。一般而言，人民币离岸市场是指在中国境外交易和流通的人民币所形成的市场，而人民币在岸市场则是指在中国境内交易和流通的人民币所形成的市场。同样是人民币，为何需要分为这两类市场呢？一方面，受到当前经济发展阶段、跨境资本流动管理以及风险防范等多重因素的综合影响，中国资本账户并未完全开放。因此，在在岸市场中，人民币交易会受到一定程度的监管和控制，个人和企业在进行货币交易时会受到相应的制约。另一方面，随着中国经济的持续发展和对外开放的不断深入，对外贸易和投资规模不断扩大，人民币跨境流动需求也随之增加。为满足这一需求，人民币离岸市场应运而生并不断发展。在离岸市场中，人民币的交易和流通受到的管制相对较少，各类市场主体可以更加自由地进行人民币的兑换和交易，从而更好地满足其对人民币的交易需求。

发展人民币离岸市场作为人民币国际化进程中的重要一环，具有多方面的积极作用。首先，有助于提高人民币的国际地位。随着人民币离岸市场的发展，市场主体获得了更多的跨境支付结算和投融资选择，使得人民币在国际贸易和投资中的使用更加广泛。由于离岸市场管制较少，这能够吸引各国投资机构增加资产组合中的人民币配置份额，从而进一步提升人民币的国际地位。其次，有助于降低汇率风险。市场主体能够更加方便地使用人民币进行跨境结算和交易，减少了因汇率波动带来的不确定性。同时，离岸市场还为市场主体提供了丰富的风险管理工具，如外汇套期保值等，进一步降低了汇率风险。再次，有助于降低交易成本。市场主体可以通过人民币离岸账户进行跨境贸易结算、资金调剂等操作，提高资金配置和利用效率。此外，离岸市场通常具有更高的结算速度，这也有助于降低交易成本。最后，有助于推动金融创新。由于管制相对较少，离岸市场对国际金融机构和投资者具有较大吸引力。这种需求推动了人民币金融产品的不断创新，为投资者提供了多样化的投资选择，同时也为企业提供了多元化的融资渠道。

从市场规模来看，自 2009 年 7 月跨境贸易人民币结算试点启动以来，人民币离岸市场逐步形成且规模不断扩大。中国银行发布的离岸人民币指数（ORI）显示，该指数从 2013 年初的 0.91%稳步上升至 2024 年一季度末的 2.07%。截至 2022 年，主要离岸市场的人民币存款余额约达 1.5 万亿元，其中，中国香港的人民币存款余额为 8357 亿元。

从市场区域来看，目前人民币离岸市场主要包括中国香港、台湾，以及伦敦、新加坡、巴黎、卢森堡、法兰克福等地区，为全球投资者提供人民币交易服务。中国香港是人民币离岸市场发展最早，同时也是当前全球离岸人民币规模最大的市场和业务枢纽。中国台湾、新加坡、伦敦等地的离岸市场也具有一定规模。此外，一些新兴市场国家也正在积极开拓离岸人民币业务，为当地企业提供更加便捷的金融服务。

从产品种类来看，与人民币在岸市场相似，人民币离岸市场不仅涵盖了货币市场、外汇市场，还包括以人民币计价的股票市场、债券市场、衍生品市场等。投资者可以在此配置多种金融产品，如人民币企业贷款、股权融资、保险产品、投资基金等。由于离岸市场在金融监管上相对宽松，因此创新性金融产品更为丰富多样。特别是在衍生品市场上，人民币远期、期货和期权等金融产品能够更有效地满足投资者的成本控制与风险管理等需求。

随着中国经济的稳定增长、跨境贸易和投融资活动的持续活跃，以及人民币汇率形成机制的不断完善，境外主体对人民币的接受度和使用度稳步提升，预示着人民币离岸市场具有广阔的发展空间。为了稳慎扎实推进人民币国际化，推动金融高水平开放，我们可以采取以下措施：持续推出多样化的人民币金融产品，积极与“一带一路”共建国家和地区构建区域协调机制，以提升人民币的交易需求黏性；加强离岸金融机构的金融服务能力建设；以及进一步优化人民币跨境支付系统等。

基本农作物

基本农作物是指为了满足人们基本生产生活需要而大面积栽培的农作物。在国家层面，基本农作物主要包括粮食、油料、棉花、糖料、蔬菜、饲草饲料等基础性、战略性农作物品种。具体到各地区，根据资源禀赋、气候条件、种植制度、区位条件等因素，基本农作物还包括具备种植历史、产业优势以及生产生活必备的区域性品种。由于基本农作物直接关系生存安全、国家安全，需要在耕地资源利用上予以优先保障。

——选自《党的二十届三中全会〈决定〉学习辅导百问》

《决定》原文出处

深化土地制度改革。改革完善耕地占补平衡制度，各类耕地占用纳入统一管理，完善补充耕地质量验收机制，确保达到平衡标准。完善高标准农田建设、验收、管护机制。**健全保障耕地用于种植基本农作物管理体系。**允许农户合法拥有的住房通过出租、入股、合作等方式盘活利用。有序推进农村集体经营性建设用地入市改革，健全土地增值收益分配机制。

专家解读

如何理解“基本农作物”

孙生阳　中央党校（国家行政学院）经济学教研部副教授

党的二十届三中全会审议通过的《中共中央关于进一步全面深化改革、推进中国式现代化的决定》指出：“健全保障耕地用于种植基本农作物管理体系。”2001年，农业部发布施行的《主要农作物范围规定》明确了农作物包括粮食、棉花、油料、麻类、糖料、蔬菜、果树（核桃、板栗等干果除外）、茶树、花卉（野生珍贵花卉除外）、桑树、烟草、中药材、草类、绿肥、食用菌等作物以及橡胶等热带作物，同时将稻、小麦、玉米、棉花、大豆、油菜、马铃薯确定为主要农作物。基本农作物是在主要农作物范围基础上，综合考虑人多地少资源禀赋、城乡居民食物消费结构升级、保障粮食和重要农产品稳定安全供给后所提出的，主要是指为了满足人们基本生产生活需要而大面积栽培的农作物。

在国家层面，基本农作物主要包括粮食、油料、棉花、糖料、蔬菜、饲草饲料等基础性、战略性农作物品种，直接关系到经济发展、社会稳定、国家安全。一方面，粮食安全作为“国之大者”，立足国内基本解决我国人民吃饭问题，是由基本国情决定的。因此，粮食作物位居基本农作物首位，只有立足粮食基本自给，才能掌握粮食安全主动权，进而才能掌控经济社会发展大局。另一方面，随着城乡居民生活水平持续改善，单纯强调口粮、谷物等粮食作物的生产供应已无法真正满足人民群众的现实需要，因此要树立大农业观、大食物观，合理调整“粮经饲”结构，保障油料、棉花、糖料、蔬菜、饲草饲料等各类农产品有效供给。

具体到各地区，根据资源禀赋、气候条件、种植制度、区位条件等因素，基本农作物还包括具备种植历史、产业优势以及生产生活必备的区域性品种。特别是在农业供给侧结构性改革推动下，我国持续优化农业生产区域布局，加强粮食生产功能区、重要农产品生产保护区和特色农产品优势区建设。截至2022年6月，我国已认定了308个中国特色农产品优势区和892个省级特色农产品优势区，打造了洛川苹果、柞水木耳、大同黄花等一批知名度高、影响力广的特色农业品牌。在保障粮食安全的同时，提升了我国特色农产品的产品优势、产业优势和竞争优势，持续促进区域经济增长和农民增收。

由于基本农作物直接关系生存安全、国家安全，需要在耕地资源利用上予以优先保障。2021年中央一号文件明确了耕地利用优先序，提出永久基本农田重点用于粮食特别是口粮生产，一般耕地主要用于粮食和棉、油、糖、蔬菜等农产品及饲草饲料生产。在此基础上，2022年中央一号文件提出高标准农田原则上全部用于粮食生产。下一步，要严格落实耕地保护制度，规范占补平衡，坚决遏制耕地“非农化”、防止“非粮化”，持续健全保障耕地用于种植基本农作物管理体系。

生成式人工智能

名词解释

生成式人工智能是人工智能的一个分支，是基于算法、模型、规则生成文本、图片、声音、视频、代码等内容的技术。这种技术能够针对用户需求，依托事先训练好的多模态基础大模型等，利用用户输入的相关资料，生成具有一定逻辑性和连贯性的内容。与传统人工智能不同，生成式人工智能不仅能够对输入数据进行处理，更能学习和模拟事物内在规律，自主创造出新的内容。

——选自《党的二十届三中全会〈决定〉学习辅导百问》

《决定》原文出处

健全网络综合治理体系。深化网络管理体制改革，整合网络内容建设和管理职能，推进新闻宣传和网络舆论一体化管理。**完善生成式人工智能发展和管理机制。**加强网络空间法治建设，健全网络生态治理长效机制，健全未成年人网络保护工作体系。

专家解读

如何理解“生成式人工智能”

徐浩然　中央党校（国家行政学院）科学社会主义教研部教授

人工智能如果按基础模型来区分，主要包括决策式人工智能和生成式人工智能。决策式人工智能主要学习数据中的条件概率分布，即一套样本归属于特定类别的概率，机器可对新的场景进行判断、分析和预测。生成式人工智能主要学习数据中的联合概率分布，即数据中由多个变量组成的向量呈现一定的概率分布，机器可以对已有数据进行归纳总结，并在此基础上使用深度学习技术等来创作模仿式、缝合式的内容。

生成式人工智能也被称为AIGC（artificial intelligence generated content，人工智能生成内容），可生成的内容形式十分多样，包括文本、图片、音频和视频等，它的运行原理主要是通过大量数据投喂来训练深度神经网络。2014年伊恩·古德费洛辞退了OPENAL的工作、重回谷歌公司，他组建了一个专门探讨“生成模型”的研究小组，主要用来探索可以创造性地生成真实世界的图片、照片、音像等元素的系统，生成对抗网络（generative adversarial networks，简称GAN）由此诞生，这标志着通往人工智能的创新之路被打开。生成对抗网络主要通过训练两个神经网络来生成新的数据，这两个神经网络一个是生成器，可以根据输入的随机噪声来生成新的数据；另一个是判别器，作用是判断一个数据是否真实，即是否来自原始数据集。通过训练这两个网络，生成器可以学会如何生成真实的数据，而判别器可以学会如何区分真实数据和生成数据。生成对抗网络的训练特点是博弈对抗，通过这种不断的训练和评估，生成式人工智能可以生成自然形态的输出内容，如文本、图像和声音。

数据，是生成式人工智能的基础养料，其智能化应用主要是基于大量数据库和语料库的生成式系统。生成式人工智能的价值亮点并不止于应用本身，而是它能够分析大量的数据进行机器学习；它不仅能够从一个静态的数据库和语料库中提取数据，更能够与提问和交谈主体之间建立起持久的互动关系，每一次与对话主体进行交谈和互动，都推动了机器学习和成长。生成式人工智能并不是其应用程序本身有多么智能，而是它能吸收足够多的数据库和语料库；它掌握的不是个体信息，而是全景信息或长篇连续性文本；它学习的不是个别的数字和句子，而是系统整体的语境。

算法，是生成式人工智能的逻辑结构。人工智能基本上采用神经网络算法，即将问题分解成诸多节点（神经元），让其自动互联和构成。基于神经网络架构的生成预训练转换器，机器学习的网络十分善于利用基础的神经元链接的生成原则，学习和模仿任何与之对话的对象，并通过语言转化体现在表述之中。其中最基础的是一种被称为“朴素贝叶斯算法”原理，这种算法能够在海量的连续性语料库和数据库中发现一些微弱的关联，与生成式人工智能对话越多，提出的要求越复杂，越有利于神经网络算法的生成。

算力，是生成式人工智能的运行动力。“算力决定算法”，生成式人工智能的井喷式发展，除了有基于神经网络的机器学习算法之外，更重要的是算力的增强。从当前的行业发展趋势看，大模型参数量指数级增长，算力需求井喷，迭代周期加速，呈现“万亿参数、万卡集群、多模态”的鲜明特征。从未来产业发展看，探索创新类脑计算、量子计算等高能效算力技术，为算力提升打开了新路径，比如神经拟态计算等类脑计算芯片不仅通过模仿神经元的结构构建硬件，还能采用脉冲式神经网络等新技术，实现实时在线学习，甚至可以对多种不同的模态进行整合。

人工智能从机器自动化一路走来，技术路线上主要是人脑器官的技术化延伸，也就是马克思所说的制造“人类头脑的器官”。生成式人工智能的技术路线塑造了“人机共生”的新型关系，与传统的人工智能相比生成式人工智能不仅是一个“自我更新、自我完善、自我演进”的“复杂巨系统”，而且形成了人与技术互动的“请求-回应”关系。此时，机器不再是简单、被动地执行人的指令，而是与人形成“一种相互协作、彼此增强的模式”。在这种新型关系中，人机交互方式“从以机器为中心转向以人为中心”，“打破了人、机器与信息资源之间的边界，重塑了信息资源生成和使用范式”。生成式人工智能的发展，或许可以成为构建基于智能技术的人类命运共同体的契机。

不过，面对生成式人工智能的潜在风险，如知识产权争议、数据隐私威胁、道德使用挑战、技术偏见延续、结构性失业问题等，我们要坚持依法依规引导，支持行业组织、企业、教育和科研机构、公共文化机构、有关专业机构等在生成式人工智能技术创新、数据资源建设、转化应用、风险防范等方面开展协作。网信、发展改革、教育、科技、工业和信息化、公安、广播电视、新闻出版等部门，依据各自职责依法加强对生成式人工智能服务的管理。国家有关主管部门针对生成式人工智能技术特点及其在有关行业和领域的服务应用，完善与创新发展相适应的科学监管方式，制定相应的分类分级监管规则或者指引。

新就业形态

新就业形态是指伴随着互联网技术应用和数字经济发展而出现的工作模式，如依托互联网平台就业的网约配送员、网约车驾驶员、互联网营销师等。新就业形态具有劳动关系灵活、工作内容多样、工作方式弹性、创业机会互联等特点，对于扩大就业容量、调节劳动力市场具有重要作用，同时也对提升就业质量、加强劳动者权益保障提出新要求，既应该鼓励发展，也需要对其进行规范。

——选自《党的二十届三中全会〈决定〉学习辅导百问》

《决定》原文出处

完善就业优先政策。健全高质量充分就业促进机制，完善就业公共服务体系，着力解决结构性就业矛盾。完善高校毕业生、农民工、退役军人等重点群体就业支持体系，健全终身职业技能培训制度。统筹城乡就业政策体系，同步推进户籍、用人、档案等服务改革，优化创业促进就业政策环境，**支持和规范发展新就业形态**。完善促进机会公平制度机制，畅通社会流动渠道。完善劳动关系协商协调机制，加强劳动者权益保障。

健全社会保障体系。完善基本养老保险全国统筹制度，健全全国统一的社保公共服务平台。健全社保基金保值增值和安全监管体系。健全基本养老、基本医疗保险筹资和待遇合理调整机制，逐步提高城乡居民基本养老保险基础养老金。**健全灵活就业人员、农民工、新就业形态人员社保制度**，扩大失业、工伤、生育保险覆盖面，全面取消在就业地参保户籍限制，完善社保关系转移接续政策。

专家解读

如何理解“新就业形态”

李志明　中央党校（国家行政学院）社会和生态文明教研部教授

党的二十届三中全会审议通过的《中共中央关于进一步全面深化改革、推进中国式现代化的决定》两次提及“新就业形态”一词，并就支持和规范发展这种新工作模式以及保障从业人员社会保险权益作出专门部署：“统筹城乡就业政策体系，同步推进户籍、用人、档案等服务改革，优化创业促进就业政策环境，支持和规范发展新就业形态……健全灵活就业人员、农民工、新就业形态人员社保制度，扩大失业、工伤、生育保险覆盖面，全面取消在就业地参保户籍限制，完善社保关系转移接续政策。”

近年来，我国已进入互联网、大数据、人工智能和实体经济深度融合阶段，新就业形态的涌现开辟了就业市场新空间，拓展了劳动者就业增收新途径，激发了推动经济发展和转型升级新动能，在保就业、稳就业和扩就业中发挥了重要作用。2023 年全国总工会第九次全国职工队伍状况调查显示，新就业形态劳动者约 8400 万人，占职工总数的 21%，其中多数是 35 岁以下的年轻劳动者。

尽管新就业形态带来了许多机遇，但是，新就业形态从业人员所具有的平台化、灵活化、去劳动关系化等职业“新”特征，对其高质量就业、职业稳定发展和权益保障带来了一定的挑战。

工作灵活性与收入不稳定。新就业形态主要分布在外卖、快递、网约车等生活服务领域以及网络直播、在线教育、网店微商等以平台为载体的行业，由于进入门槛低、灵活性强，成为吸纳农民工、青年等群体就业的重要渠道。但是，新就业形态内部收入差距和波动性较大，大量人员涌入新就业形态，“人多单少”的矛盾开始显现，新就业形态劳动者收入不稳定问题愈发突出。

群体年轻化与职业流动性强。与传统就业方式相比，新就业形态就业方式的灵活性、工作内容的多样性、工作安排的自主性与青年群体的就业偏好相契合。青年群体在生产要素利用上与互联网大数据结合更加密切，是新就业形态的主力从业群体。基于新就业形态的阶段性、灵活性等特征，多数从业人员仅凭爱好兴趣择业，缺乏职业发展规划意识，转换工作岗位频繁，难以实现人力资本有效积累，在一定程度上面临技能单一、未来发展规划不清晰等问题，不利于从业人员长期稳定就业。

劳动关系去雇用化与权益保障不充分。新就业形态劳动者往往从一个或多个平台接受任务分派，与雇主的关系不易确定，传统劳动关系“解绑”，从而陷入无雇主或多雇主的“去劳动关系”困境。部分用工单位将正规就业灵活化，特别是部分平台企业采用加盟、代理以及劳务合作公司用工等方式“砌隔离墙”，规避用工主体责任。现行劳动关系认定标准、劳动基准等劳动法律保护体系难以适应新就业形态为数众多的从业人员处于具有劳动事实却没有劳动法律身份认证的尴尬境况。这也导致新就业形态劳动者的权益保障存在责任主体不明确、多元主体难协同等问题。

为此，要破除各种不合理限制，建立促进多渠道灵活就业机制，支持和规范发展新就业形态。鼓励传统行业跨界融合、业态创新，增加灵活就业和新就业形态就业机会。加快发展数字经济，催生更多新产业新业态新商业模式，培育多元化多层次就业需求，带动更多劳动者依托平台就业创业。打造就业容量大的数字产业集群，推进传统线下业态数字化转型赋能，创造更多数字经济领域就业机会。同时，抓紧研究制定和落实保障灵活就业和新就业形态劳动者权益的法律法规、制度体系和政策措施，引导支持灵活就业人员和新就业形态劳动者参加社会保险，提高灵活就业人员和新就业形态劳动者社会保障水平。引导企业完善行业公约和行业标准，加强自律、依法规范平台企业用工，明确平台企业劳动保护责任，自觉履行其应当承担的用工和权益保障责任。加强人力资源市场监管，加强对企业用工方式的监督和合法性审查，对不合理用工现象加大监管和惩罚力度。加大力度实施劳动者劳动保障权益专项行动，从公平就业、工资支付、休息休假、劳动安全、平台规则算法等方面补齐权益保障短板，推动各项法律法规和政策措施落地见效。

总之，新就业形态是适应新的经济社会条件变化而发展起来的工作模式，它不仅改变了传统的就业方式和工作模式，也为全社会带来了新的机遇和挑战。通过政府和社会的共同努力，可以更好地促进新就业形态的健康发展和劳动者的权益保护。

紧密型医联体

名词解释

紧密型医联体是指通过建立一定区域内部分医疗机构之间分工协作机制、双向转诊机制和激励约束相容的利益共享机制，推动人员、技术、服务、管理协同共享，提升基层能力，建设责任、管理、服务、利益的共同体，实现相关医疗机构间医疗服务和管理的一体化运作，促进医疗资源共享共用，提高资源配置和利用效率，保障运行发展可持续，为人民群众就近就便提供更加公平可及、多层次、系统连续的医疗卫生服务。

——选自《党的二十届三中全会〈决定〉学习辅导百问》

《决定》原文出处

深化医药卫生体制改革。实施健康优先发展战略，健全公共卫生体系，促进社会共治、医防协同、医防融合，强化监测预警、风险评估、流行病学调查、检验检测、应急处置、医疗救治等能力。促进医疗、医保、医药协同发展和治理。促进优质医疗资源扩容下沉和区域均衡布局，加快建设分级诊疗体系，**推进紧密型医联体建设**，强化基层医疗卫生服务。

专家解读

如何理解“紧密型医联体”

向春玲　中央党校（国家行政学院）科学社会主义教研部教授

党的二十届三中全会指出：“促进优质医疗资源扩容下沉和区域均衡布局，加快建设分级诊疗体系，推进紧密型医联体建设，强化基层医疗卫生服务。”为了准确把握紧密型医联体的深刻内涵，我们有必要从其核心概念出发，追溯其形成的时代背景，剖析其历史演变的轨迹，并深入探究其独特的组织模式与运行机制。

医联体概念以及医联体建设背景

医联体即医疗联合体，是指不同级别、类别的医疗机构之间，通过分区域、分层次对医疗资源进行整合形成的医疗机构联合组织。主要目的是实现不同医疗机构的资源共享，促进分级诊疗体系形成，提升医疗服务体系的整体效能，为人民群众看病就医提供更加便捷有效的医疗服务环境。

党的二十大指出，中国式现代化是全体人民共同富裕的现代化。推进共同富裕有多种途径，其中促进基本公共服务均等化是其重要的路径。当前，随着迈上全面建设社会主义现代化国家新征程，人民群众的健康意识明显提升，对医疗品质的要求日益增高，而我国医疗基本公共服务发展不平衡不充分问题依然突出，优质医疗卫生资源在城乡间、区域间和群体间分布不均衡，现有医疗卫生资源多集中在大城市和发达地区，基层医疗的诊疗水平、设备设施发展相对滞后，导致常见病、多发病的诊疗一同向大型医院集中，但大医院医疗资源难以同时满足常见病和疑难病的需求，"看病难、看病贵"的问题仍然存在，特别是基层群众"看病难、看病贵"一直是影响百姓改革获得感的重要原因。因此，针对这些问题，2015 年 9 月发布的《国务院办公厅关于推进分级诊疗制度建设的指导意见》，部署基层首诊、双向转诊、急慢分治、上下联动的制度体系。即遵循以人为本、群众自愿、统筹城乡、创新机制的原则，按照疾病的轻重缓急及治疗的难易程度进行分级，不同级别的医疗机构承担不同疾病的治疗，逐步实现从全科到专业化的医疗过程。医联体建设是为了完善和落实分级诊疗制度而展开的系统化、持续性的医疗卫生体制改革。

医联体建设政策历史演变

2017 年 4 月国务院办公厅印发《关于推进医疗联合体建设和发展的指导意见》，标志着医联体建设在全国范围内全面启动。该《意见》明确了医联体建设的目标、形式和工作重点，推动形成诊疗-康复-长期护理连续服务模式。2018 年 7 月，国家卫生健康委会同国家中医药局制定《医疗联合体综合绩效考核工作方案（试行）》，建立促进优质医疗资源上下贯通的考核和激励机制，一方面引导医联体的规范发展和提升服务质量，另一方面充分调动各级各类医疗机构参与医联体建设的积极性。2020 年 7 月，国家卫生健康委、国家中医药管理局联合印发《医疗联合体管理办法（试行）》，提出将医疗联合体建设作为构建分级诊疗制度的重要抓手加快推进，并启动城市医联体和县域医共体建设试点，逐步实现医联体网格化布局管理。2023 年 1 月，国家卫生健康委等 6 部委印发《关于开展紧密型城市医疗集团建设试点工作的通知》，选择 80 多个城市作为试点，要求健全支持紧密型城市医疗集团建设发展的配套政策，形成医疗管理一体化、运营管理一体化、信息管理一体化的格局，巩固分级诊疗建设成效。2023 年 1 月，《中共中央国务院关于做好 2023 年全面推进乡村振兴重点工作的意见》印发，再次提出发展紧密型医疗卫生共同体（简称医共体），医共体将成为未来乡村医疗卫生资源配置和组织的主要模式，也将成为广大乡村医务人员执业的平台。2023 年 12 月，国家卫生健康委、中央编办等 10 部门联合印发的《关于全面推进紧密型县域医疗卫生共同体建设的指导意见》提出，围绕“县级强、乡级活、村级稳、上下联、信息通”目标，通过系统重塑医疗卫生体系和整合优化医疗卫生资源，推进以城带乡、以乡带村和县乡一体、乡村一体，加快建设紧密型县域医共体，到 2027 年底，紧密型县域医共体基本实现全覆盖。

医联体建设的组织模式

目前，在我们国家推进医联体建设主要有四种组织模式。第一，在城市主要组建医疗集团。在设区的市级以上城市，由三级公立医院或者其他业务能力较强的医院牵头，联合社区卫生服务机构、护理院、专业康复机构等，形成资源共享、分工协作的管理模式。在医联体内以人才共享、技术支持、检查互认、处方流动、服务衔接等为纽带进行合作。第二，在县域主要组建医疗共同体。重点探索以县级医院为龙头、乡镇卫生院为枢纽、村卫生室为基础的县乡一体化管理，与乡村一体化管理有效衔接。充分发挥县级医院的城乡纽带作用和县域龙头作用，形成县乡村三级医疗卫生机构分工协作机制，构建三级联动的县域医疗服务体系。第三，跨区域组建专科联盟。根据不同区域医疗机构优势专科资源，以若干所医疗机构特色专科技术力量为支撑，充分发挥国家医学中心、国家临床医学研究中心及其协同网络的作用，以专科协作为纽带，组建区域间若干特色专科联盟，形成补位发展模式，重点提升重大疾病救治能力。第四，在边远贫困地区发展远程医疗协作网。大力发展面向基层、边远和欠发达地区的远程医疗协作网，鼓励公立医院向基层医疗卫生机构提供远程医疗、远程教学、远程培训等服务，利用信息化手段促进资源纵向流动，提高优质医疗资源可及性和医疗服务整体效率。

紧密型医联体及其特征

紧密型医联体是在医联体的基础上通过建立一定区域内部分医疗机构之间分工协作机制、双向转诊机制和激励约束相容的利益共享机制，推动人员、技术、服务、管理协同共享，提升基层能力，建设责任、管理、服务、利益的共同体，实现相关医疗机构间医疗服务和管理的一体化运作，促进医疗资源共享共用，提高资源配置和利用效率，保障运行发展可持续，为人民群众就近就便提供更加公平可及、多层次、系统连续的医疗卫生服务。其特点通常包括：在管理方面，医联体内部实行统一的行政、人员和财务管理等；在资源方面，实现医疗设备、医疗技术、信息系统等医疗资源的充分共享；在职能分工方面，明确各级医疗机构的功能定位，形成紧密的分工协作机制，例如基层医疗机构负责常见病多发病的诊疗和慢性病管理，上级医院负责疑难重症的救治；在人员流动方面，促进医务人员在医联体内部的合理流动，上级医院的医生下沉到基层服务，基层医生到上级医院进修培训；在医保支付方面，通过医保支付方式的改革，引导患者合理就医，促进医联体内部的有序诊疗；在绩效考核方面，建立统一的绩效考核机制，以激励医联体各成员单位共同提升医疗服务质量和效率；在利益分配方面，形成相对统一和合理的利益分配机制，以保障医联体的持续发展和各成员单位的积极性等。紧密型医联体建设有助于更好地发挥医联体的整体优势，提升基层医疗服务能力，优化医疗资源配置，为患者提供更优质、连续、便捷的医疗服务。推进紧密型医联体建设，旨在通过医疗卫生体制的系统化改革，实现医疗资源的系统集成，提高医疗资源利用效率。在这个过程中，构建了优质医疗资源向基层和边远贫困地区流动的体制机制，对于促进基层群众享受优质医疗服务，推动基本医疗公共服务均等化、实现社会公平和共同富裕具有十分重要的现实意义。由此可见，紧密型医联体强调进行内部资产整合，实现人、财、物的统一管理。而松散型医联体是以管理和技术合作为主，通过签订协议来强化不同类型医疗机构之间的协作关系。

医联体和医共体的区别

医联体与医共体是两个不同的概念和医疗实践模式，它们是我国医疗体系的重要制度创新。医联体强调“联”，“联”的是疾病，基层医疗机构解决不了的病要联大医院、大专家。医共体强调“共”，“共”的是健康，“共”的是居民常见疾病预防、健康管理、慢性病康复等。医联体是城市开展医联体建设的主要模式，医共体是以服务农村居民看病就医而开展医联体建设的主要模式。二者共同点是以医联体和医共体之“通”，解群众看病就医之“痛”，都在我国医疗体制改革的当下发挥着各自的功能和作用。医联体与医共体建设不仅提高了医疗服务效率，而且有利于实现优质医疗资源下沉，推动分级诊疗制度的实施，方便群众就近就医，缓解大医院就诊压力，改善医疗服务质量，满足人民群众日益增长的医疗卫生服务需求。

推进医联体建设是深化医药卫生体制改革的一项重要举措，不同地区结合本地实际情况选择医联体的建设模式。从目前医联体建设落地全国各地的实施情况来看，紧密型医联体和紧密型医共体是我国医疗卫生体制改革的发展趋势。

生育友好型社会

名词解释

生育友好型社会是指社会各方面尊重生育、支持生育的良好社会状态。政府通过提供覆盖全人群、全生命周期人口服务，完善和落实生育支持政策措施，广泛动员群众参与，在全社会形成有利于生育的婚嫁模式、文化和舆论氛围、激励机制、服务体系、市场条件等，旨在以良好的政策、社会、市场和家庭环境，降低生育养育教育成本，引导年轻人树立积极的婚恋观、生育观、家庭观，适龄婚育，夫妻共担育儿责任，建设文明幸福家庭，形成愿意生、生得出、生得起、养得好的良性循环，努力保持适度生育水平和人口规模。

——选自《党的二十届三中全会〈决定〉学习辅导百问》

《决定》原文出处

健全人口发展支持和服务体系。以应对老龄化、少子化为重点完善人口发展战略，健全覆盖全人群、全生命周期的人口服务体系，促进人口高质量发展。完善生育支持政策体系和激励机制，**推动建设生育友好型社会**。有效降低生育、养育、教育成本，完善生育休假制度，建立生育补贴制度，提高基本生育和儿童医疗公共服务水平，加大个人所得税抵扣力度。加强普惠育幼服务体系建设，支持用人单位办托、社区嵌入式托育、家庭托育点等多种模式发展。把握人口流动客观规律，推动相关公共服务随人走，促进城乡、区域人口合理集聚、有序流动。

如何理解“生育友好型社会”

李志明　中央党校（国家行政学院）社会和生态文明教研部教授

习近平总书记强调：“人口发展是关系中华民族伟大复兴的大事，必须着力提高人口整体素质，以人口高质量发展支撑中国式现代化。”当前，我国人口发展呈现以少子化、老龄化、区域增减分化为特征的新态势，其中，“少子化”成为困扰和制约经济社会发展的一大因素。从 2017 年起，我国出生人口数量开始持续走低，2023 年全国出生人口为 902 万人，比上年减少了 54 万人，创下了新中国成立以来的最低值。如果低生育态势常态化，将影响我国经济社会总体可持续发展。为此，减少生育阻力，加大生育推力，让适龄人群愿生、敢生、生得起、养得好，从而推动实现适度生育水平，促进人口高质量发展，势在必行。

党的二十届三中全会审议通过的《中共中央关于进一步全面深化改革、推进中国式现代化的决定》提出“健全人口发展支持和服务体系”，强调“以应对老龄化、少子化为重点完善人口发展战略，健全覆盖全人群、全生命周期的人口服务体系，促进人口高质量发展”，要求“完善生育支持政策体系和激励机制，推动建设生育友好型社会”。

推动建设生育友好型社会是一项系统工程，需要政府、企业和社会各方面共同努力，以良好的政策、社会、市场和家庭环境，形成激励相容、治理协同和推动同步的局面。要完善生育休假制度，建立生育补贴制度，加大个人所得税抵扣力度，完善和落实托育、财政、税收、保险、教育、住房、就业等方面的生育支持政策措施，有效降低生育、养育、教育成本；通过提高基本生育和儿童医疗公共服务水平，加强普惠育幼服务体系建设，支持用人单位办托、社区嵌入式托育、幼儿园托育服务、家庭托育点等多种模式发展，提供覆盖全人群、全生命周期人口服务；通过广泛宣传教育，在全社会形成有利于生育的婚嫁模式、文化和舆论氛围、激励机制、服务体系、市场条件等，鼓励实行灵活的工作方式，推动创建家庭友好型工作场所，积极营造生育友好社会氛围，引导年轻人树立积极的婚恋观、生育观、家庭观，适龄婚育，夫妻共担育儿责任，建设文明幸福家庭，形成愿意生、生得出、生得起、养得好的良性循环。

推动建设生育友好型社会是一项长远工作，需要设定短期目标、中期目标和长期目标。近年来，我国出台了一系列政策文件构建积极生育支持政策体系。2021 年 6 月，中共中央、国务院印发《关于优化生育政策促进人口长期均衡发展的决定》，实施一对夫妻可以生育三个子女政策，配套实施积极生育支持措施；2021 年 8 月，全国人大常委会修改《中华人民共和国人口与计划生育法》，规定“国家采取财政、税收、保险、教育、住房、就业等支持措施，减轻家庭生育、养育、教育负担”；2022 年 7 月，国家卫生健康委、国家发展改革委等 17 部门印发《关于进一步完善和落实积极生育支持措施的指导意见》，要求加快建立积极生育支持政策体系，为推动实现适度生育水平、促进人口长期均衡发展提供有力支撑。作为一个战略目标，推动建设生育友好型社会既要有时不我待的紧迫感，适时、及时出台相关政策，也要有足够的历史耐心，具备长远的眼光，为家庭和个体提供更多的保障和选择，让家庭和个体得到全面和自由的发展，让各项举措能够更好落地，持之以恒、久久为功付出长期的努力。

嵌入式托育

名词解释

嵌入式托育是指通过在社区（小区）的公共空间嵌入功能性设施，提供家门口的托育服务，形式包括为婴幼儿提供全日托、半日托、计时托、临时托等多种形式的照护服务。嵌入式托育坚持公益性与市场化相结合，注重发挥市场主体作用，以政府主导、社会参与、市场协同的模式运行。

——选自《党的二十届三中全会〈决定〉学习辅导百问》

《决定》原文出处

健全人口发展支持和服务体系。以应对老龄化、少子化为重点完善人口发展战略，健全覆盖全人群、全生命周期的人口服务体系，促进人口高质量发展。完善生育支持政策体系和激励机制，推动建设生育友好型社会。有效降低生育、养育、教育成本，完善生育休假制度，建立生育补贴制度，提高基本生育和儿童医疗公共服务水平，加大个人所得税抵扣力度。加强普惠育幼服务体系建设，**支持用人单位办托、社区嵌入式托育、家庭托育点等多种模式发展**。把握人口流动客观规律，推动相关公共服务随人走，促进城乡、区域人口合理集聚、有序流动。

专家解读

如何理解“嵌入式托育”

赵心慧　中央党校（国家行政学院）社会和生态文明教研部讲师

党的二十届三中全会审议通过的《中共中央关于进一步全面深化改革、推进中国式现代化的决定》指出：“加强普惠育幼服务体系建设，支持用人单位办托、社区嵌入式托育、家庭托育点等多种模式发展。”其中，嵌入式托育以社区（小区）公共空间为载体，以资源嵌入、功能嵌入和多元化运作方式嵌入为理念，以政府主导、社会参与、市场协同相结合为运行模式，为婴幼儿提供全日托、半日托、计时托、临时托等照护服务。综合各地实践情况，嵌入式托育主要包括两种形式：一是利用社区资源建立托育机构，向社区及附近居民提供托育服务；二是社区直接采购成熟的托育服务，或与专业托育机构建立合作关系。

改革开放以来，我国常住人口城镇化率从 1978 年的 17.92％提升到 2023 年的 66.16％。在城市化浪潮中，家庭结构正经历深刻变革。随着“核心家庭”的盛行，家庭规模小型化趋势愈加明显，代际照料能力减弱，越来越需要现代化、社会化的托育服务。国家卫生健康委数据显示，我国现有 3 岁以下婴幼儿约 3000 万名，超过三成婴幼儿家庭有托育需求。释放托育需求，对于提升生育水平、保障女性就业、促进婴幼儿发展具有积极作用。

从微观层面看，嵌入式托育有利于促进儿童早期发展，帮助家长实现就近、就便送托的目标。作为全社会“最柔软的群体”，婴幼儿依赖于家庭、社区和专业机构的共同呵护，从而实现身体发育、动作、语言、认知、情感与社会性的全面发展。嵌入式托育具有生活环境同质、周边设施安全、地理位置便捷、服务模式灵活、情感氛围舒适等特点，与家庭的日常生活习惯和心理期望相契合。其优势就在于为儿童早期照护提供适宜的服务支持、物质支持、技能支持，既能为婴幼儿提供来自非父母的照护服务，又能降低家庭在儿童早期照护中付出的成本，还能为家长提供科学合理的养育理念、知识和能力。

从中观层面看，嵌入式托育能够有效利用现有社会资源，促进资源的优化配置。托育服务被视为综合性和实践性均强的行业领域，不仅涉及婴幼儿日常生活照料，涵盖饮食、饮水、喂奶、如厕、盥洗、清洁、睡眠、穿脱衣服、游戏活动等服务；还需提供婴幼儿营养和健康管理，包括膳食平衡、户外活动、健康监护等多个方面。嵌入式托育既可以统筹社会组织、物业、社区医院、驻社区企事业单位等社会力量，形成各种资源共融共享、良性互动的局面，丰富服务内容；也可以充分利用社区的免费配套用房和公共活动场所，盘活闲置资源，减少托育服务中心的用地成本，使之远低于商业化的托育服务收费标准，形成价格普惠优势。

从宏观层面看，嵌入式托育是健全人口发展支持和服务体系的一项基础性工程。人口高质量发展贯穿整个生命历程，而生命早期被视为人力资本积累的关键阶段。婴幼儿经历了大脑快速发育、突触修剪和髓鞘形成等过程，是塑造各种能力的敏感时期。经验证据表明，投资儿童早期发展不仅让个人受益，还会促进社会公平、打破贫困代际传递。嵌入式托育既可以满足家庭对婴幼儿照护的精细化要求，实现更高水平的“幼有所育”，激发“生”的意愿、解决“育”的难题、减轻“养”的负担；也可以凭借先进的托育理念、专业的托育服务、优质的托育师资促进儿童早期发展，进而提高人口整体素质，以人口高质量发展支撑中国式现代化。

目前，我国提供托育服务的机构已近 10 万个，托位数约 480 万个。按照“十四五”规划纲要中每千人口拥有 3 岁以下婴幼儿托位数 4.5 个要求计算，2025 年全国托位数要达到约 600 万个。为了弥合这一缺口，满足人民群众对托育服务在数量和质量上的更高期望，须汇聚社会各界的共同力量。为此，嵌入式托育值得鼓励和广泛尝试。

一是构建以政府为主导的保障性支持体系。在顶层设计上，基于嵌入式托育服务的规律和特点，政府需要推出相关条例、方案和细则，推进嵌入式托育专业化、标准化、规范化发展。在资金投入上，各级政府应设立专项资金并制订财政预算计划，专门用于支持嵌入式托育服务的建设和运营。同时也要探索多元化的筹资渠道，鼓励和引导社会资本参与进来。二是构建多方资源科学融合的新格局。依托社区治理的资源链接功能，嵌入式托育可以积极调动政府、市场、社会、家庭的创新动力，有效整合人力、财力、物力、组织等各类资源，实现各方的良性互动合作。三是构建专业化婴幼儿照护人才队伍。鼓励地方高等院校、职业院校开设婴幼儿照护服务相关专业，优化课程设置和教学方法，促进托育服务人才供给和行业实际需求相匹配。利用专业培训机构、社区中心等场所，为从事托育服务的工作人员提供与婴幼儿托育相关的法律法规知识、职业道德知识和安全管理知识，持续提升社区托育从业人员的专业素养，促进嵌入式托育队伍向专业化方向发展。

银发经济

银发经济是向老年人提供产品或服务，以及为老龄阶段做准备等一系列经济活动的总和。其中既包括满足老年人就餐、就医、照护、文体等事业范畴的公共服务，又涵盖满足老龄群体和备老人群多层次、多样化产品和服务需求的各类市场经济活动，比如发展老年用品、智慧健康养老、康复辅助器具、抗衰老、养老金融产品、老年旅游服务、适老化改造等潜力产业。发展银发经济是积极应对人口老龄化，培育经济发展新动能，提高人民生活品质的重要举措和必然要求。

——选自《党的二十届三中全会〈决定〉学习辅导百问》

《决定》原文出处

积极应对人口老龄化，完善发展养老事业和养老产业政策机制。**发展银发经济，**创造适合老年人的多样化、个性化就业岗位。按照自愿、弹性原则，稳妥有序推进渐进式延迟法定退休年龄改革。优化基本养老服务供给，培育社区养老服务机构，健全公办养老机构运营机制，鼓励和引导企业等社会力量积极参与，推进互助性养老服务，促进医养结合。加快补齐农村养老服务短板。改善对孤寡、残障失能等特殊困难老年人的服务，加快建立长期护理保险制度。

专家解读

如何理解“银发经济”

毛佩瑾　中央党校（国家行政学院）社会和生态文明教研部副教授

党的二十届三中全会通过的《中共中央关于进一步全面深化改革、推进中国式现代化的决定》提出，“发展银发经济，创造适合老年人的多样化、个性化就业岗位”。推动银发经济是应对人口老龄化的必然选择。当前中国的人口老龄化呈现三个发展趋势。一是老年人口规模变大。截至2023年，我国65岁及以上老年人口约2.2亿，占全球老年人口的1/4；预计到2030年，将增至2.6亿。二是老龄化速度加快。2011—2023年，65岁及以上老年人口占比每年约增加0.5%；2022—2034年，我国每年新增的老年人口将超过1000万，老龄化进程进一步加速。按照国际通行标准，一个国家或地区60岁及以上人口占比大于10%，或65岁及以上人口占比超过7%，就进入老龄化，后者比例达到14%，为深度老龄化。2023年，中国60岁及以上人口占总人口的21.1%，65岁及以上人口占总人口的15.4%，已进入深度老龄化国家行列。对比世界主要国家老龄化率，从 7%到 14%，法国耗时 126 年，德国 40 年，日本 24 年，中国仅用了 21 年。三是高龄化特征越发明显。2023 年，我国 80 岁及以上的高龄老人接近 4000 万，约占总人口的 2.8%。预计到 2050 年，高龄老人占比将达到 11%。少子化和长寿化使人口老龄化成为不可逆的趋势。老年人对服务和产品的需求不断增加，促进了相关产业蓬勃发展，成为银发经济的重要组成部分，形成了新的经济增长点。当前银发经济发展主要呈现出制度化、产业化和智慧化三方面特征。

银发经济制度化。银发经济作为推动社会经济高质量发展的新兴产业，离不开政策支持和制度保障。2021 年，十三届全国人大四次会议通过了《中华人民共和国国民经济和社会发展第十四个五年规划和 2035 年远景目标纲要》，明确指出“发展银发经济，开发适老化技术和产品，培育智慧养老等新兴业态”。党的二十大报告提出：“实施积极应对人口老龄化国家战略，发展养老事业和养老产业，优化孤寡老人服务，推动实现全体老年人享有基本养老服务。”该要求为养老产业应对人口老龄化设定了高标准，强调近 3 亿老年人享受养老服务需全社会共同努力的重要性。2024 年初颁布的《国务院办公厅关于发展银发经济增进老年人福祉的意见》是首个以“银发经济”为主题的国家文件，对银发经济进行了系统规划，成为积极应对人口老龄化的经济手段行动指南。随后出台的《人力资源社会保障部关于强化支持举措助力银发经济发展壮大的通知》，进一步推动银发经济趋向成熟，为提升其实体经济效益奠定了坚实基础。我国正逐步建立一个更加长期和系统的银发经济政策体系，不仅为银发经济提供了更加稳定的制度保障，也为市场主体创造了良性的商业环境。

银发经济产业化。银发经济涉及范围广泛，涵盖了银发健康产业、居家养老服务、适老环境、产品制造和精神文化等多个领域。这些行业相互关联、互相促进，形成了一个长链条、多样化的产业生态。目前，我国银发经济规模约 7 万亿元，占 GDP 比重约为 6%；预计到 2035 年，将有望达到 30 万亿元，成为推动国内经济高质量发展的重要支柱产业。随着新一代老年人对消费质量和体验的要求日益提高，越来越多的老年人愿意为高价值的产品和服务支付更高的价格，消费理念和消费能力的变化为银发经济市场扩展、产业开发和产品创新提供了持续的需求动力。积极拓展银发经济产业链，亟须推动老年产业与医疗健康、文化旅游等领域深度融合，促进医疗康养、老年文化旅游等新兴业态发展，构建多样化、高质量的银发产品和服务体系，满足老年人生活从基础性“养老”向高质量

“享老”转变。同时，银发经济发展有赖于资金支持，需借助金融资源的力量，构建一个涵盖全生命周期的养老服务和适合全年龄段的金融支持完整业务体系。2023年中央金融工作会议强调，要做好养老金融等“五篇大文章”，将其作为应对人口老龄化的国家战略重要措施之一。应致力于完善银发金融体系，扩大银发资金储备，支持银发产业高效运作。

银发经济智慧化。银发经济高质量发展离不开数智技术的加持与赋能，以此推动智慧养老产业进步。业界普遍将智慧养老产业链划分为上、中、下游。上游涉及养老服务所依靠的支持技术与核心产品，技术包括物联网、大数据、人工智能、云计算和区块链等，产品是指芯片和传感器等支撑技术运行的关键组成部分。中游指的是提供智慧养老产品与服务的供给方。下游更关注具体的应用场景，例如智慧居家养老、智慧社区养老和智慧机构养老等。将养老服务与数字经济深度融合会为银发市场带来更广阔的发展前景。应建立集多种功能于一体的综合性智慧养老信息服务平台，加快5G、人工智能、新材料等新兴技术在养老产业中的深度应用，实现银发经济与老年人需求的精准对接，不断提升数字健康管理、远程智慧医养等在老年服务中的应用水平。加快推进智能养老产业发展，加强服务支撑体系建设。促进具备智能交互和多机协作功能的智能护理机器人、智能康复辅助设备等助老设施设备的研发和生产，促进智慧养老产品创新发展，提高银发经济的科技含量和市场效能。

碳足迹

名词解释

碳足迹是指特定对象在一定时间内直接或间接导致的温室气体排放量和清除量之和，以二氧化碳当量表示。特定对象可以是个体、组织、国家、产品等。碳足迹可以用来反映人类活动对环境的影响，为实现温室气体减排提供参考。近年来，一些国家的政府正在尝试将碳足迹管理作为应对气候变化的政策工具，其中产品碳足迹应用最为广泛。加快构建我国碳足迹管理体系，有利于促进形成绿色低碳供应链和生产生活方式，增进碳足迹工作国际交流互信，助力实现碳达峰碳中和目标。

——选自《党的二十届三中全会〈决定〉学习辅导百问》

《决定》原文出处

健全绿色低碳发展机制。实施支持绿色低碳发展的财税、金融、投资、价格政策和标准体系，发展绿色低碳产业，健全绿色消费激励机制，促进绿色低碳循环发展经济体系建设。优化政府绿色采购政策，完善绿色税制。完善资源总量管理和全面节约制度，健全废弃物循环利用体系。健全煤炭清洁高效利用机制。加快规划建设新型能源体系，完善新能源消纳和调控政策措施。完善适应气候变化工作体系。建立能耗双控向碳排放双控全面转型新机制。构建碳排放统计核算体系、产品碳标识认证制度、**产品碳足迹管理体系**，健全碳市场交易制度、温室气体自愿减排交易制度，积极稳妥推进碳达峰碳中和。

专家解读

如何理解“碳足迹”

郭兆晖　中央党校（国家行政学院）社会和生态文明教研部教授

党的二十届三中全会审议通过的《中共中央关于进一步全面深化改革、推进中国式现代化的决定》指出：“构建碳排放统计核算体系、产品碳标识认证制度、产品碳足迹管理体系，健全碳市场交易制度、温室气体自愿减排交易制度，积极稳妥推进碳达峰碳中和。”推动碳足迹管理、建立碳足迹认证制度不仅有助于规范碳标识管理流程、促进绿色低碳消费，对我国提高全社会节能降碳意识、推动产业升级、妥善应对贸易壁垒发挥着重要作用，也是践行习近平总书记“绿色发展是高质量发展的底色，新质生产力本身就是绿色生产力”重要论断的关键任务。一是助推消费端节能降碳。产品碳足迹能够通过清晰直观标注碳排放数据，帮助有绿色消费意识的消费者准确认知产品绿色低碳属性，在购买决策时优先选择绿色低碳的产品。这种透明度不仅能够激发消费者的环保意识，促使他们在日常生活中更加注重节能减排，形成“绿色生产—绿色生活—绿色消费”的良性循环，并进一步推动整个社会的绿色消费趋势。二是产业链上下游加快绿色低碳转型。通过精准的碳足迹核算，企业可以清晰地了解到其生产过程中的碳排放源和排放量，从而有针对性地制定和实施碳减排措施。同时企业能够通过碳足迹的核算和管理，对供应链进行优化，通过单向选择低碳排放的供应商，倒逼整个产业链向绿色低碳的方向发展，实现对供应链企业四两拨千斤的“逆向”影响。碳足迹管理体系的建立不仅能够降低企业的碳排放，提升企业的环保形象，还能有效帮助整个产业优化生产流程，提高生产效率，实现经济效益和环境效益的双赢。三是助力提升我国绿色产品竞争力。综观全球碳排放管理政策发展趋势，以碳足迹为核心的供应链体系已经初见端倪，碳足迹管理已然成为产品进入国际市场的“绿色通行证”，预计未来将有更多国家和企业对其产业链上下游产品提出碳足迹管理要求。建立我国自主的产品碳足迹管理体系，不仅能够使我国的企业在国际市场上占据更有利的位置，还能够引领全球绿色低碳转型的进程，推动全球环保事业的发展。

目前，我国产品碳足迹管理体系建设仍处于起步阶段。在碳足迹核算标准的统一、产品碳标识认证制度的完善、碳足迹数据与国际接轨的程度等方面仍存在空白，需要进一步完善。

统一碳足迹核算标准。建立和完善统一的碳足迹核算标准体系是构建产品碳足迹管理体系的首要任务。这需要借鉴国际先进的碳足迹核算标准，结合我国国情，明确产品碳足迹核算边界、核算方法、数据质量要求和溯源性要求等，制定出一套科学、合理的核算标准，以保证碳足迹数据的准确性和可比性。同时，需要建立一个公开、透明的核算过程，让所有相关方都能参与到核算过程中，确保核算结果的公正性和权威性。

完善产品碳标识认证制度。产品碳标识认证制度的完善，是提高消费者对产品碳足迹认知度和信任度的重要手段。通过建立统一规范的产品碳标识认证制度，通过明确标注产品碳足迹量化信息，引导企业节能降碳。进一步制定产品碳标识认证管理办法，明确适用范围、标识式样、认证流程、管理要求等，有序规范和引导各地区各层级探索开展产品碳足迹管理相关工作。同时，还需要建立一个公开的产品碳足迹信息查询平台，让消费者能够方便地查询和比较不同产品的碳足迹信息。

提高碳足迹数据与国际接轨程度。提高碳足迹数据与国际接轨的程度，是提升我国产品在国际市场的竞争力的关键。加强国际碳足迹方法学研究，密切关注国际组织及主要经济体在碳足迹管理制度、认证规则以及实施成效等方面的动态信息，结合我国国情，将可借鉴的国际标准有序转化为国家标准、行业标准。积极参与国际碳足迹核算标准的制定，充分发挥双多边对话机制作用，与主要贸易伙伴在碳足迹核算规则和认证结果方面实现数据的互通互认。建立国际化的碳足迹数据共享平台，与其他国家和地区的碳足迹数据进行对接，实现数据的全球共享。

在全球范围内，绿色低碳已经成为新的发展潮流，碳足迹管理成为衡量企业和社会绿色程度的重要指标。放眼未来，我国的产业发展必须紧紧贴合现代产业，特别是那些与新质生产力紧密相关的产业，来构建一套适应现代产业发展趋势的碳足迹管理体系，引导整个制造业向绿色低碳方向转型升级，为我国在全球绿色竞争中赢得先机提供有力支撑。这不仅是我国产业发展的必然选择，也是实现绿色低碳转型的关键步骤。

军品设计回报

名词解释

军品设计是对军品设计单位配合用户开展需求论证、关键技术开发与验证、型号设计与跟产服务等活动的统称。**军品设计回报**是对军品设计、制造单位之间利润分配的一种调控方式。当前，参与军品设计、制造的单位利润分配不够均衡，军品设计单位的科研智力投入、知识产权收益等难以得到充足保障，影响设计单位创新内生动力。建立军品设计回报机制，主要是通过明确不同类型军品设计的知识产权归属，调整知识产权使用费、跟产技术服务费取费比例，完善售后服务费保障模式等举措，进一步优化军品定价机制，使军品设计单位能够获得适当成本补偿，推动其提升高质量、可持续发展水平。

——选自《党的二十届三中全会〈决定〉学习辅导百问》

《决定》原文出处

深化跨军地改革。健全一体化国家战略体系和能力建设工作机制，完善涉军决策议事协调体制机制。健全国防建设军事需求提报和军地对接机制，完善国防动员体系。深化国防科技工业体制改革，优化国防科技工业布局，改进武器装备采购制度，**建立军品设计回报机制**，构建武器装备现代化管理体系。完善军地标准化工作统筹机制。加强航天、军贸等领域建设和管理统筹。优化边海防领导管理体制机制，完善党政军警民合力治边机制。深化民兵制度改革。完善双拥工作机制。

专家解读

如何理解“军品设计回报”

武斌 中央党校（国家行政学院）国际战略研究院副教授

党的二十届三中全会审议通过的《中共中央关于进一步全面深化改革、推进中国式现代化的决定》指出：“深化国防科技工业体制改革，优化国防科技工业布局，改进武器装备采购制度，建立军品设计回报机制，构建武器装备现代化管理体系。”军品设计是对军品设计单位配合用户开展需求论证、关键技术开发与验证、型号设计与跟产服务等活动的统称。军品设计回报是对军品设计、制造单位之间利润分配的一种调控方式，通常以知识产权使用费、跟产技术服务费和售后服务费等形式体现。

建立军品设计回报机制，有利于完善军品定价机制，推动军品设计单位高质量、可持续发展。军品价格工作对武器装备建设和国防科技工业发展具有至关重要的作用。我国军品定价机制大致经历了无偿调拨、实际成本加成、计划成本加成、多种定价方式并存和目标价格管理 5 个阶段。成本加成始终是大型武器装备整机/总体类产品的主要定价方式，但该“成本”的含义一直在发生变化。目前，已从最初的“实际成本”，到军方审价的“计划成本”，演变为军方论证的“装备购置目标价格”，“加成”在原来5%固定比例的基础上又加入了激励约束利润，鼓励军工企业降本增效。科研生产一体的单位，激励约束利润全部归该单位所有；科研生产分开的单位，激励约束利润由设计单位和制造单位平均分配。建立军品设计回报机制，就是要对设计单位、制造单位之间利润分配进行调控，让军品设计单位的研发费用不仅在设计成本中得到充分保障，还要从利润分配中获得应有的成本补偿。

建立军品设计回报机制，有利于激发创新主体内生动力，推动基础性、前沿性、战略性技术的研发。目前，我国军品设计的资金来源主要是军方的科研项目经费，只有批准立项才能获得经费支持。如果单位自筹资金开展关键技术试验、验证，很可能前期投入了大量人力物力，却因未能成功转化为型号生产而血本无归。沉没成本过高，导致军工设计单位独立研发的动力不足。美国兰德公司早在1986年就发布报告，提出了对独立研发的三点认识：一是鼓励企业为未来装备技术作出更大贡献；二是弥补国防部规划存在的不确定性、僵化和滞后等缺点；三是促进新概念和新技术向军事能力转化。美国国防部高度认同上述观点，将独立研发看作政府主导研发活动的有益补充，通过提供成本补偿进行资助和鼓励，补偿的独立研发企业近1200家，年补偿额超过40亿美元，相当于国防部研发预算的6%。用批量生产的现役产品设计回报费来鼓励支持设计单位开展独立研究，有助于从根本上破解军工科研院所“不立项，干不了事；一立项，十万火急来不及”“产品定型之日，就是设计断粮之时”的困境，提高其创新动力，改变长期以来高度计划性制度机制导致的“等靠要”被动局面。

建立军品设计回报机制，有利于在收益分配中更多体现知识、技术等创新要素价值，促进创新主体充分释放活力和创造力。党的十八大以来，习近平总书记围绕知识产权工作作出一系列重要论述，强调，“创新是引领发展的第一动力，保护知识产权就是保护创新。全面建设社会主义现代化国家，必须更好推进知识产权保护工作”“必须从国家战略高度和进入新发展阶段要求出发，全面加强知识产权保护工作，促进建设现代化经济体系，激发全社会创新活力，推动构建新发展格局”，等等。这些论述为我们深化知识产权领域改革、推进知识产权强国建设提供了根本遵循。建立军品设计回报机制，就是要通过明确不同类型军品设计的知识产权归属，调整知识产权使用费、跟产技术服务费取费比例，完善售后服务费保障模式等举措，进一步深化科技经费分配和管理使用机制改革，树立科学家本位的科研组织导向，赋予科研单位和科研人员更大自主权。同时，通过提高创新主体智力投入的回报率，让科研人员心无旁骛搞科研。

基本培训

基本培训是指在干部教育培训中具有基础性、主体性、牵引性的培训任务，是教育培训机构尤其是党校最重要的、必须要完成的培训任务，是贯彻落实习近平总书记关于干部教育培训重要论述和党中央关于干部教育培训决策部署的重要举措，是实现全员培训、全面覆盖、全周期实施的关键之举。基本培训是一项系统工程，着力点是明确培训对象、培训内容、培训方式、培训学制、培训周期等关键要素，推动形成多要素融合、多环节贯通、多主体协同的培训新格局，实现干部教育培训宏观质量和微观质量相统一、共提升。基本培训的对象，就是各级党政领导干部、公务员、国有企业领导人员、事业单位领导人员、年轻干部、理论宣传骨干、高层次人才、基层干部、党员等。基本培训的内容，就是以深入学习贯彻习近平新时代中国特色社会主义思想为主题主线，以党的理论教育、党性教育和履职能力培训为重点，注重知识培训。基本培训的方式，就是坚持集中学习，有条件的要进行集中住校培训，严格学员管理；用好现代信息技术，运用线上线下相融合、直播录播相结合的方式，推动好课程、好资源向基层延伸覆盖。基本培训的学制，就是立足干部教育培训目标和对象的实际情况，科学设置培训班次的时长。基本培训的周期，就是根据党中央统一部署，按照党代会召开的周期，一般每五年制定实施一轮全国干部教育培训规划。同时，根据形势任务需要和具体情况作出弹性安排，确保干部学习的整体性、连贯性和有效性。基本培训的要求主要适用于各级党校，其他干部教育培训机构可参照执行。

——选自《党的二十届三中全会〈决定〉学习辅导百问》

《决定》原文出处

深化党的建设制度改革。以调动全党抓改革、促发展的积极性、主动性、创造性为着力点，完善党的建设制度机制。加强党的创新理论武装，建立健全以学铸魂、以学增智、以学正风、以学促干长效机制。深化干部人事制度改革，鲜明树立选人用人正确导向，大力选拔政治过硬、敢于担当、锐意改革、实绩突出、清正廉洁的干部，着力解决干部乱作为、不作为、不敢为、不善为问题。树立和践行正确政绩观，健全有效防范和纠治政绩观偏差工作机制。落实“三个区分开来”，激励干部开拓进取、干事创业。推进领导干部能上能下常态化，加大调整不适宜担任现职干部力度。**健全常态化培训特别是基本培训机制**，强化专业训练和实践锻炼，全面提高干部现代化建设能力。完善和落实领导干部任期制，健全领导班子主要负责人变动交接制度。增强党组织政治功能和组织功能。探索加强新经济组织、新社会组织、新就业群体党的建设有效途径。完善党员教育管理、作用发挥机制。完善党内法规，增强党内法规权威性和执行力。

专家解读

如何理解“基本培训”

陈姝　中央党校（国家行政学院）研究室副主任、副研究馆员

党的二十届三中全会通过的《中共中央关于进一步全面深化改革、推进中国式现代化的决定》提出“健全常态化培训特别是基本培训机制”，这为加强干部教育培训提供了常态长效的制度保障。

注重干部教育培训是我们党的优良传统和政治优势。党的十八大以来，习近平总书记高度重视干部教育培训工作，就加强和改进干部教育培训工作提出一系列新理念新思想新要求，推动党内集中学习教育环环紧扣、次第展开，坚持把理论学习融入日常、抓在经常。面向未来，实现新时代新征程党的中心任务，更加需要进一步抓好广大党员、干部的学习教育，在全党来一个新的大学习。可以说，抓紧抓好常态化培训特别是基本培训，既是落实落细习近平总书记关于干部教育培训重要论述的具体举措，也是推进干部教育培训工作科学化、制度化、规范化的生动实践。

加深对基本培训的认识和理解，首先要准确把握这一理念的内涵要义。基本培训的提出并不是另起炉灶，而是进一步深化拓展了教育培训机构特别是党校（行政学院）主体班次的内涵、外延，本质上是把主体班次中最重要的、必须要完成的培训任务凸显出来，并以之作为重要抓手牵引带动教学科研、决策咨询、队伍建设、管理服务等工作整体跃升，以高质量教育培训为强国建设、民族复兴伟业培养造就更多忠诚干净担当的高素质专业化干部。

开展基本培训，主要着力点是对培训的对象、内容、方式、学制、周期等关键要素作出系统安排、量化细化，持续推动解决漏训和重复培训、部分课程教学水平有待提升等问题，持续推动党的创新理论武装走深走实，从而全面提高各级干部的马克思主义水平和现代化建设能力，实现干部教育培训的宏观质量和微观质量相统一、共提升。推进基本培训需要多措并举、综合施策，重点把握好几方面原则。

确保全员培训、全面覆盖。按照应训尽训的原则，深入开展调查研究，分类别摸清应训对象底数、掌握参训实情，进一步细分进修班、培训班、专题研讨班、理论研修班、师资培训班等基本培训各类班次的培训对象，尽量扩大受益面。按照干部管理权限组织实施教育培训，统筹抓好各级党政领导干部、公务员、国有企业领导人员、事业单位领导人员、年轻干部、理论宣传骨干、高层次人才、基层干部、党员等的培训任务，推动全覆盖见实效。

以改革创新精神赋能增效。随着信息技术快速发展和思想观念迭代更新，网络培训已成为干部教育培训的重要方式。要坚持线上和线下相结合，推广全国一盘棋、一张网、大分散、小集中的培训方式，通过设立主课堂和分课堂，组织全员同步参加授课培训，力求实现同质等效。坚持直播和录播相结合，把握网络教学特点和规律，组织录制一批贴近基层需求的理论课件，不断提升参训积极性和培训实效性。

强化系统功能、优化整合资源。充分发挥党校（行政学院）干部教育培训主渠道主阵地作用，进一步加强全国党校（行政学院）系统纵向联动；推动各方面在目标、手段、实施上同向发力、形成合力，进一步加强党校（行政学院）与地方、部门、行业横向联合。统筹整合师资、课件、教材、网络、基础设施等资源，促进共享共用，实现培训资源配置效率最优化和效益最大化，推进干部教育培训上下贯通、左右协同。